# ツキを呼ぶ暦《こよみ》

山口慶一
Yamaguchi Keiichi

# ツキを呼ぶ暦「太陽風水暦」

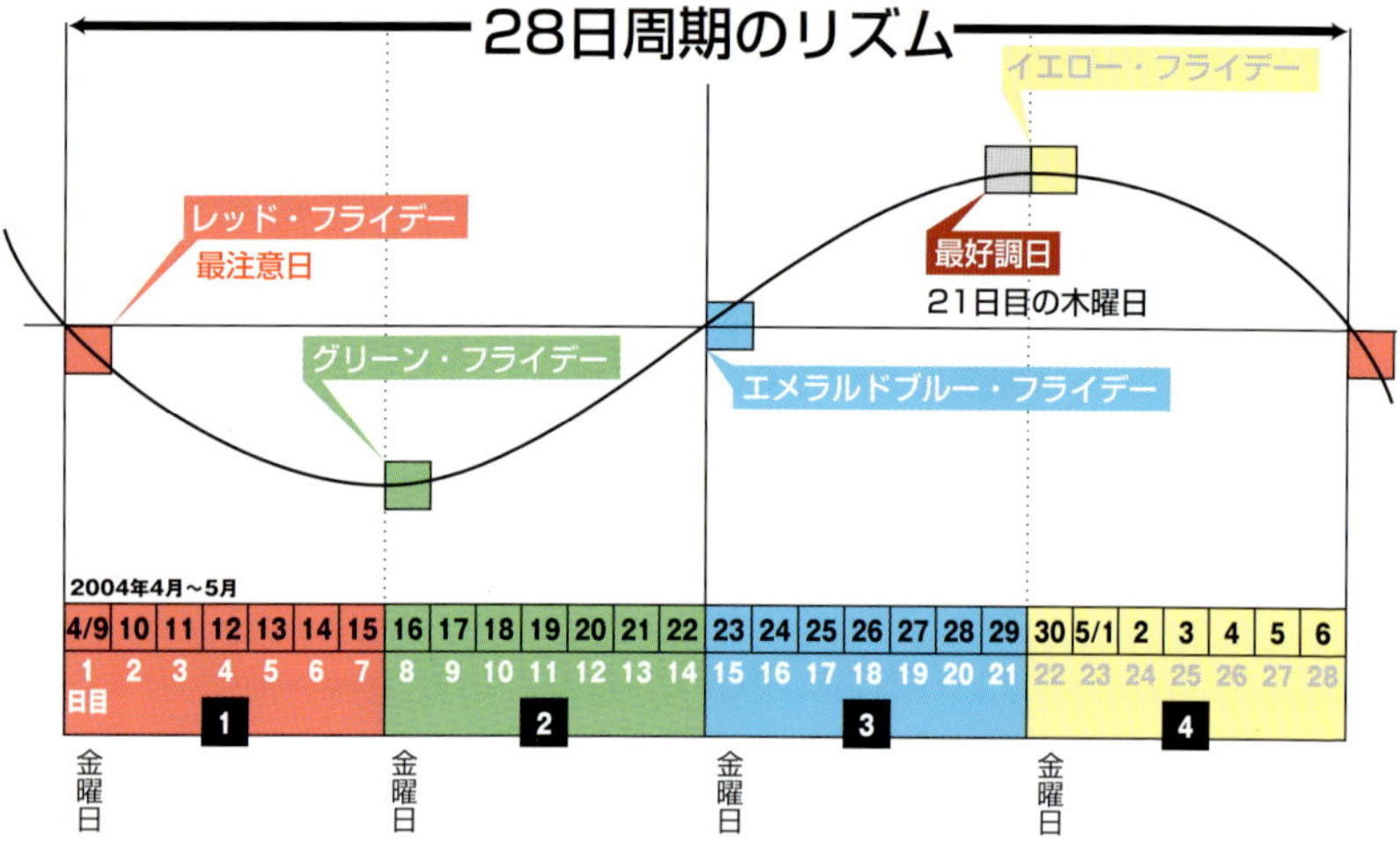


## ■ツキを呼ぶ暦「太陽風水暦」とは

「太陽風水暦」は、28日周期の集団生体リズムに基づいたカレンダーです。28日周期で繰り返される好不調の波を表しており、このリズムに合わせて行動することによって、仕事や恋愛、人間関係などで幸運の波に乗ることができます。

このリズムは、7日（1週間）区切りで4つのパターンに分かれています。そして、7日区切りの最初の日は、すべて金曜日となります。

## ■好不調の波を表す4つのパターンとは

この4つのパターンは、次のようになっています。

①第1日目～7日目　レッド・フライデーに続く1週間
②第8日目～14日目　グリーン・フライデーに続く1週間
③第15日目～21日目　エメラルドブルー・フライデーに続く1週間
④第22日目～28日目　イエロー・フライデーに続く1週間

以上の4つのパターンで28日間（4週間）となり、これを1つの周期として年度カレンダーにしたものが「太陽風水暦」です。

## ■それぞれの色が示すものは

右の図をご覧になればおわかりのように、2004年4月9日（金）がレッド・フライデーに当たりますので、この日を第1日目とし、この日に続く1週間を赤色で示してあります。

以下、順に、4月16日（金）がグリーン・フライデー（緑色）、4月23日（金）がエメラルドブルー・フライデー（青色）、4月30日（金）がイエロー・フライデー（黄色）に当たります。

これが１つの周期として繰り返されますので、後の2004年度のカレンダーのページ（カラーページ）を見ていただくとわかるとおり、5月7日（金）は再び第1日目となり、その週は赤色となります。

本書では、この後のページに2004年4月～2007年3月までの「太陽風水暦」を載せてありますので、それを見ながら現在の週がどの色に当たるかをチェックしてください。

## ■それぞれの色の週が意味するものは

### ★赤色の週（レッド・フライデーに続く一週間）

この一週間は、突発的な事故を始め、精神的な乱れやうつの状態に陥りやすい最も危険な週です。特に、最初の日（金曜日）は最注意日ですので、なるべく人と会ったり仕事で外出するのを控えるようにしましょう。また、７日目はうつの状態がピークになるので注意が必要。

### ★緑色の週（グリーン・フライデーに続く一週間）

この一週間は、前の一週間の閉塞的な状況から気分や体調が徐々に上昇していく期間です。仕事も恋愛もうまくいくようになります。

### ★青色の週（エメラルドブルー・フライデーに続く一週間）

この一週間は、難しい仕事やこれまでにできなかったことを、波に乗って思いっきり片付ける週です。精一杯アクティブに行動しましょう。ただし、最初の日（金曜日）は情緒不安定になりやすいので注意が必要です。また、自信過剰になりやすいので注意。

### ★黄色の週（イエロー・フライデーに続く一週間）

この一週間は、最初の日（金曜日）をピークに、気分が下降していく週です。気分や体調が徐々に下がり始め、感情が不安定になります。次にやってくる大波、レッド・フライデーに備えて精神や体調を調《ととの》えましょう。

※くわしくは、本文の88ページ「調息日には四つのパターンがある」をお読みください。

## 22日〜28日目

（イエロー・フライデーに続く一週間）

●気分や体調が、22日目（金曜日）をピークに徐々に下降していく期間。

●次の一週間を乗りきるため、体調や精神を調える。

●自信喪失や不安になりやすくなるので、失敗してもあまり深く考え込むことをしないこと。

●28日目には情緒不安定になりやすいので注意。

## 1日目〜7日目

（レッド・フライデーに続く一週間）

●1日目は、大きな事件、事故が起きやすいので外出をひかえる。

●1日目は気象・気圧の変化も起きやすくなるので、健康に注意。

●うつになりやすい期間（7日目はうつのピーク日）。

●気分が沈滞し、体調が低下する。深刻に物事を考えないようにする。

●会社での上司とのトラブル、恋人、友人とのトラブルが起きやすいので注意が必要。

●頭痛、腰痛、胃痛、肩こりなどの不定愁訴がピークに達する。

●特に1日目（金曜日）は最注意日。仕事中のミスが多くなる。

●情緒の不安定から、突発的な事故が起きやすくなる（特に1日目と7日目）。

●感情のコントロールが必要（情緒が不安定になりやすい）。

●この期間は難しいことは考えず、気分が明るくなることをして過ごすのがコツ。

## ■金曜日から始まる、ツキを呼ぶ暦のみかた
### ～「太陽風水暦」28日周期のタイムスケジュール～

### 15日～21日目
（エメラルドブルー・フライデーに続く一週間）

●気分や体調がピークに向かう期間。
●仕事などがテキパキと片付けられる。これまでできなかったこと、難しい問題などはこの週に一気に片付ける。
●アクティブに行動すれば万事好調となる。
●友人や恋人、家族とのレジャーには最適の期間。
●ただし、15日目（金曜日）は情緒不安定になりやすいので、注意が必要。
●21日目（木曜日）は最好調日。気力が最も充実する。ただし、自信過剰による暴走、自動車事故、盛り場での口論やけんかに注意。

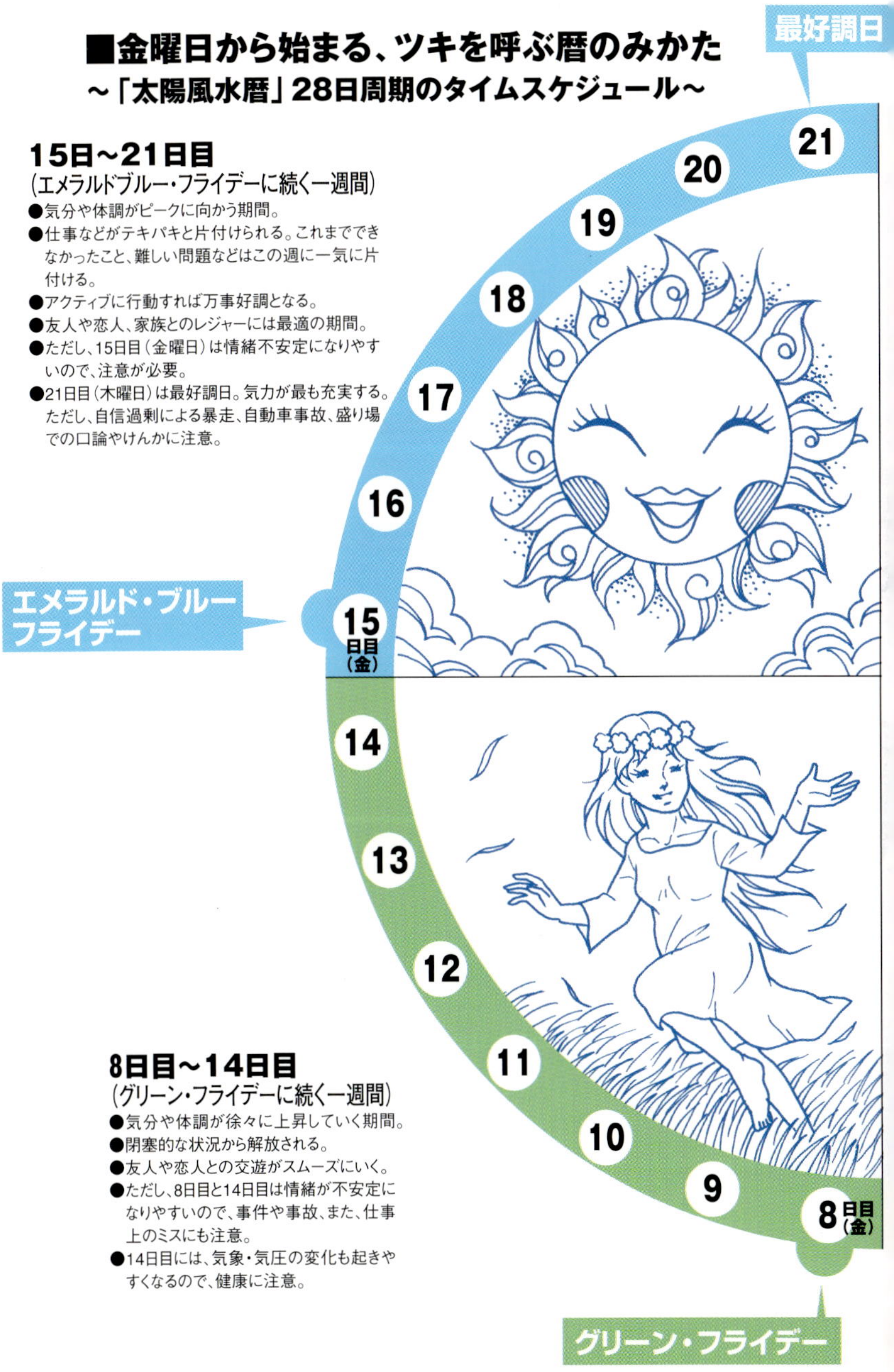


### 8日目～14日目
（グリーン・フライデーに続く一週間）

●気分や体調が徐々に上昇していく期間。
●閉塞的な状況から解放される。
●友人や恋人との交遊がスムーズにいく。
●ただし、8日目と14日目は情緒が不安定になりやすいので、事件や事故、また、仕事上のミスにも注意。
●14日目には、気象・気圧の変化も起きやすくなるので、健康に注意。

# 金曜日から始まる、ツキを呼ぶ暦

## 2004年度

### 2004/04

| 日 | 月 | 火 | 水 | 木 | 金 | 土 |
|---|---|---|---|---|---|---|
| | | | | 1 | 2 | 3 |
| 4 | 5 | 6 | 7 | 8 | 9 | 10 |
| 11 | 12 | 13 | 14 | 15 | 16 | 17 |
| 18 | 19 | 20 | 21 | 22 | 23 | 24 |
| 25 | 26 | 27 | 28 | 29 | 30 | |

### 2004/05

| 日 | 月 | 火 | 水 | 木 | 金 | 土 |
|---|---|---|---|---|---|---|
| | | | | | | 1 |
| 2 | 3 | 4 | 5 | 6 | 7 | 8 |
| 9 | 10 | 11 | 12 | 13 | 14 | 15 |
| 16 | 17 | 18 | 19 | 20 | 21 | 22 |
| 23 | 24 | 25 | 26 | 27 | 28 | 29 |
| 30 | 31 | | | | | |

### 2004/06

| 日 | 月 | 火 | 水 | 木 | 金 | 土 |
|---|---|---|---|---|---|---|
| | | 1 | 2 | 3 | 4 | 5 |
| 6 | 7 | 8 | 9 | 10 | 11 | 12 |
| 13 | 14 | 15 | 16 | 17 | 18 | 19 |
| 20 | 21 | 22 | 23 | 24 | 25 | 26 |
| 27 | 28 | 29 | 30 | | | |

### 2004/07

| 日 | 月 | 火 | 水 | 木 | 金 | 土 |
|---|---|---|---|---|---|---|
| | | | | 1 | 2 | 3 |
| 4 | 5 | 6 | 7 | 8 | 9 | 10 |
| 11 | 12 | 13 | 14 | 15 | 16 | 17 |
| 18 | 19 | 20 | 21 | 22 | 23 | 24 |
| 25 | 26 | 27 | 28 | 29 | 30 | 31 |

### 2004/08

| 日 | 月 | 火 | 水 | 木 | 金 | 土 |
|---|---|---|---|---|---|---|
| 1 | 2 | 3 | 4 | 5 | 6 | 7 |
| 8 | 9 | 10 | 11 | 12 | 13 | 14 |
| 15 | 16 | 17 | 18 | 19 | 20 | 21 |
| 22 | 23 | 24 | 25 | 26 | 27 | 28 |
| 29 | 30 | 31 | | | | |

### 2004/09

| 日 | 月 | 火 | 水 | 木 | 金 | 土 |
|---|---|---|---|---|---|---|
| | | | 1 | 2 | 3 | 4 |
| 5 | 6 | 7 | 8 | 9 | 10 | 11 |
| 12 | 13 | 14 | 15 | 16 | 17 | 18 |
| 19 | 20 | 21 | 22 | 23 | 24 | 25 |
| 26 | 27 | 28 | 29 | 30 | | |

### 2004/10

| 日 | 月 | 火 | 水 | 木 | 金 | 土 |
|---|---|---|---|---|---|---|
| | | | | | 1 | 2 |
| 3 | 4 | 5 | 6 | 7 | 8 | 9 |
| 10 | 11 | 12 | 13 | 14 | 15 | 16 |
| 17 | 18 | 19 | 20 | 21 | 22 | 23 |
| 24 | 25 | 26 | 27 | 28 | 29 | 30 |
| 31 | | | | | | |

### 2004/11

| 日 | 月 | 火 | 水 | 木 | 金 | 土 |
|---|---|---|---|---|---|---|
| | 1 | 2 | 3 | 4 | 5 | 6 |
| 7 | 8 | 9 | 10 | 11 | 12 | 13 |
| 14 | 15 | 16 | 17 | 18 | 19 | 20 |
| 21 | 22 | 23 | 24 | 25 | 26 | 27 |
| 28 | 29 | 30 | | | | |

### 2004/12

| 日 | 月 | 火 | 水 | 木 | 金 | 土 |
|---|---|---|---|---|---|---|
| | | | 1 | 2 | 3 | 4 |
| 5 | 6 | 7 | 8 | 9 | 10 | 11 |
| 12 | 13 | 14 | 15 | 16 | 17 | 18 |
| 19 | 20 | 21 | 22 | 23 | 24 | 25 |
| 26 | 27 | 28 | 29 | 30 | 31 | |

### 2005/01

| 日 | 月 | 火 | 水 | 木 | 金 | 土 |
|---|---|---|---|---|---|---|
| | | | | | | 1 |
| 2 | 3 | 4 | 5 | 6 | 7 | 8 |
| 9 | 10 | 11 | 12 | 13 | 14 | 15 |
| 16 | 17 | 18 | 19 | 20 | 21 | 22 |
| 23 | 24 | 25 | 26 | 27 | 28 | 29 |
| 30 | 31 | | | | | |

### 2005/02

| 日 | 月 | 火 | 水 | 木 | 金 | 土 |
|---|---|---|---|---|---|---|
| | | 1 | 2 | 3 | 4 | 5 |
| 6 | 7 | 8 | 9 | 10 | 11 | 12 |
| 13 | 14 | 15 | 16 | 17 | 18 | 19 |
| 20 | 21 | 22 | 23 | 24 | 25 | 26 |
| 27 | 28 | | | | | |

### 2005/03

| 日 | 月 | 火 | 水 | 木 | 金 | 土 |
|---|---|---|---|---|---|---|
| | | 1 | 2 | 3 | 4 | 5 |
| 6 | 7 | 8 | 9 | 10 | 11 | 12 |
| 13 | 14 | 15 | 16 | 17 | 18 | 19 |
| 20 | 21 | 22 | 23 | 24 | 25 | 26 |
| 27 | 28 | 29 | 30 | 31 | | |

# 2005年度

### 2005/04

| 日 | 月 | 火 | 水 | 木 | 金 | 土 |
|---|---|---|---|---|---|---|
| | | | | | 1 | 2 |
| 3 | 4 | 5 | 6 | 7 | 8 | 9 |
| 10 | 11 | 12 | 13 | 14 | 15 | 16 |
| 17 | 18 | 19 | 20 | 21 | 22 | 23 |
| 24 | 25 | 26 | 27 | 28 | 29 | 30 |

### 2005/05

| 日 | 月 | 火 | 水 | 木 | 金 | 土 |
|---|---|---|---|---|---|---|
| 1 | 2 | 3 | 4 | 5 | 6 | 7 |
| 8 | 9 | 10 | 11 | 12 | 13 | 14 |
| 15 | 16 | 17 | 18 | 19 | 20 | 21 |
| 22 | 23 | 24 | 25 | 26 | 27 | 28 |
| 29 | 30 | 31 | | | | |

### 2005/06

| 日 | 月 | 火 | 水 | 木 | 金 | 土 |
|---|---|---|---|---|---|---|
| | | | 1 | 2 | 3 | 4 |
| 5 | 6 | 7 | 8 | 9 | 10 | 11 |
| 12 | 13 | 14 | 15 | 16 | 17 | 18 |
| 19 | 20 | 21 | 22 | 23 | 24 | 25 |
| 26 | 27 | 28 | 29 | 30 | | |

### 2005/07

| 日 | 月 | 火 | 水 | 木 | 金 | 土 |
|---|---|---|---|---|---|---|
| | | | | | 1 | 2 |
| 3 | 4 | 5 | 6 | 7 | 8 | 9 |
| 10 | 11 | 12 | 13 | 14 | 15 | 16 |
| 17 | 18 | 19 | 20 | 21 | 22 | 23 |
| 24 | 25 | 26 | 27 | 28 | 29 | 30 |
| 31 | | | | | | |

### 2005/08

| 日 | 月 | 火 | 水 | 木 | 金 | 土 |
|---|---|---|---|---|---|---|
| | 1 | 2 | 3 | 4 | 5 | 6 |
| 7 | 8 | 9 | 10 | 11 | 12 | 13 |
| 14 | 15 | 16 | 17 | 18 | 19 | 20 |
| 21 | 22 | 23 | 24 | 25 | 26 | 27 |
| 28 | 29 | 30 | 31 | | | |

### 2005/09

| 日 | 月 | 火 | 水 | 木 | 金 | 土 |
|---|---|---|---|---|---|---|
| | | | | 1 | 2 | 3 |
| 4 | 5 | 6 | 7 | 8 | 9 | 10 |
| 11 | 12 | 13 | 14 | 15 | 16 | 17 |
| 18 | 19 | 20 | 21 | 22 | 23 | 24 |
| 25 | 26 | 27 | 28 | 29 | 30 | |

### 2005/10

| 日 | 月 | 火 | 水 | 木 | 金 | 土 |
|---|---|---|---|---|---|---|
| | | | | | | 1 |
| 2 | 3 | 4 | 5 | 6 | 7 | 8 |
| 9 | 10 | 11 | 12 | 13 | 14 | 15 |
| 16 | 17 | 18 | 19 | 20 | 21 | 22 |
| 23 | 24 | 25 | 26 | 27 | 28 | 29 |
| 30 | 31 | | | | | |

### 2005/11

| 日 | 月 | 火 | 水 | 木 | 金 | 土 |
|---|---|---|---|---|---|---|
| | | 1 | 2 | 3 | 4 | 5 |
| 6 | 7 | 8 | 9 | 10 | 11 | 12 |
| 13 | 14 | 15 | 16 | 17 | 18 | 19 |
| 20 | 21 | 22 | 23 | 24 | 25 | 26 |
| 27 | 28 | 29 | 30 | | | |

### 2005/12

| 日 | 月 | 火 | 水 | 木 | 金 | 土 |
|---|---|---|---|---|---|---|
| | | | | 1 | 2 | 3 |
| 4 | 5 | 6 | 7 | 8 | 9 | 10 |
| 11 | 12 | 13 | 14 | 15 | 16 | 17 |
| 18 | 19 | 20 | 21 | 22 | 23 | 24 |
| 25 | 26 | 27 | 28 | 29 | 30 | 31 |

### 2006/01

| 日 | 月 | 火 | 水 | 木 | 金 | 土 |
|---|---|---|---|---|---|---|
| 1 | 2 | 3 | 4 | 5 | 6 | 7 |
| 8 | 9 | 10 | 11 | 12 | 13 | 14 |
| 15 | 16 | 17 | 18 | 19 | 20 | 21 |
| 22 | 23 | 24 | 25 | 26 | 27 | 28 |
| 29 | 30 | 31 | | | | |

### 2006/02

| 日 | 月 | 火 | 水 | 木 | 金 | 土 |
|---|---|---|---|---|---|---|
| | | | 1 | 2 | 3 | 4 |
| 5 | 6 | 7 | 8 | 9 | 10 | 11 |
| 12 | 13 | 14 | 15 | 16 | 17 | 18 |
| 19 | 20 | 21 | 22 | 23 | 24 | 25 |
| 26 | 27 | 28 | | | | |

### 2006/03

| 日 | 月 | 火 | 水 | 木 | 金 | 土 |
|---|---|---|---|---|---|---|
| | | | 1 | 2 | 3 | 4 |
| 5 | 6 | 7 | 8 | 9 | 10 | 11 |
| 12 | 13 | 14 | 15 | 16 | 17 | 18 |
| 19 | 20 | 21 | 22 | 23 | 24 | 25 |
| 26 | 27 | 28 | 29 | 30 | 31 | |

# 2006年度

### 2006/04

| 日 | 月 | 火 | 水 | 木 | 金 | 土 |
|---|---|---|---|---|---|---|
| | | | | | | 1 |
| 2 | 3 | 4 | 5 | 6 | 7 | 8 |
| 9 | 10 | 11 | 12 | 13 | 14 | 15 |
| 16 | 17 | 18 | 19 | 20 | 21 | 22 |
| 23 | 24 | 25 | 26 | 27 | 28 | 29 |
| 30 | | | | | | |

### 2006/05

| 日 | 月 | 火 | 水 | 木 | 金 | 土 |
|---|---|---|---|---|---|---|
| | 1 | 2 | 3 | 4 | 5 | 6 |
| 7 | 8 | 9 | 10 | 11 | 12 | 13 |
| 14 | 15 | 16 | 17 | 18 | 19 | 20 |
| 21 | 22 | 23 | 24 | 25 | 26 | 27 |
| 28 | 29 | 30 | 31 | | | |

### 2006/06

| 日 | 月 | 火 | 水 | 木 | 金 | 土 |
|---|---|---|---|---|---|---|
| | | | | 1 | 2 | 3 |
| 4 | 5 | 6 | 7 | 8 | 9 | 10 |
| 11 | 12 | 13 | 14 | 15 | 16 | 17 |
| 18 | 19 | 20 | 21 | 22 | 23 | 24 |
| 25 | 26 | 27 | 28 | 29 | 30 | |

### 2006/07

| 日 | 月 | 火 | 水 | 木 | 金 | 土 |
|---|---|---|---|---|---|---|
| | | | | | | 1 |
| 2 | 3 | 4 | 5 | 6 | 7 | 8 |
| 9 | 10 | 11 | 12 | 13 | 14 | 15 |
| 16 | 17 | 18 | 19 | 20 | 21 | 22 |
| 23 | 24 | 25 | 26 | 27 | 28 | 29 |
| 30 | 31 | | | | | |

### 2006/08

| 日 | 月 | 火 | 水 | 木 | 金 | 土 |
|---|---|---|---|---|---|---|
| | | 1 | 2 | 3 | 4 | 5 |
| 6 | 7 | 8 | 9 | 10 | 11 | 12 |
| 13 | 14 | 15 | 16 | 17 | 18 | 19 |
| 20 | 21 | 22 | 23 | 24 | 25 | 26 |
| 27 | 28 | 29 | 30 | 31 | | |

### 2006/09

| 日 | 月 | 火 | 水 | 木 | 金 | 土 |
|---|---|---|---|---|---|---|
| | | | | | 1 | 2 |
| 3 | 4 | 5 | 6 | 7 | 8 | 9 |
| 10 | 11 | 12 | 13 | 14 | 15 | 16 |
| 17 | 18 | 19 | 20 | 21 | 22 | 23 |
| 24 | 25 | 26 | 27 | 28 | 29 | 30 |

### 2006/10

| 日 | 月 | 火 | 水 | 木 | 金 | 土 |
|---|---|---|---|---|---|---|
| 1 | 2 | 3 | 4 | 5 | 6 | 7 |
| 8 | 9 | 10 | 11 | 12 | 13 | 14 |
| 15 | 16 | 17 | 18 | 19 | 20 | 21 |
| 22 | 23 | 24 | 25 | 26 | 27 | 28 |
| 29 | 30 | 31 | | | | |

### 2006/11

| 日 | 月 | 火 | 水 | 木 | 金 | 土 |
|---|---|---|---|---|---|---|
| | | | 1 | 2 | 3 | 4 |
| 5 | 6 | 7 | 8 | 9 | 10 | 11 |
| 12 | 13 | 14 | 15 | 16 | 17 | 18 |
| 19 | 20 | 21 | 22 | 23 | 24 | 25 |
| 26 | 27 | 28 | 29 | 30 | | |

### 2006/12

| 日 | 月 | 火 | 水 | 木 | 金 | 土 |
|---|---|---|---|---|---|---|
| | | | | | 1 | 2 |
| 3 | 4 | 5 | 6 | 7 | 8 | 9 |
| 10 | 11 | 12 | 13 | 14 | 15 | 16 |
| 17 | 18 | 19 | 20 | 21 | 22 | 23 |
| 24 | 25 | 26 | 27 | 28 | 29 | 30 |
| 31 | | | | | | |

### 2007/01

| 日 | 月 | 火 | 水 | 木 | 金 | 土 |
|---|---|---|---|---|---|---|
| | 1 | 2 | 3 | 4 | 5 | 6 |
| 7 | 8 | 9 | 10 | 11 | 12 | 13 |
| 14 | 15 | 16 | 17 | 18 | 19 | 20 |
| 21 | 22 | 23 | 24 | 25 | 26 | 27 |
| 28 | 29 | 30 | 31 | | | |

### 2007/02

| 日 | 月 | 火 | 水 | 木 | 金 | 土 |
|---|---|---|---|---|---|---|
| | | | | 1 | 2 | 3 |
| 4 | 5 | 6 | 7 | 8 | 9 | 10 |
| 11 | 12 | 13 | 14 | 15 | 16 | 17 |
| 18 | 19 | 20 | 21 | 22 | 23 | 24 |
| 25 | 26 | 27 | 28 | | | |

### 2007/03

| 日 | 月 | 火 | 水 | 木 | 金 | 土 |
|---|---|---|---|---|---|---|
| | | | | 1 | 2 | 3 |
| 4 | 5 | 6 | 7 | 8 | 9 | 10 |
| 11 | 12 | 13 | 14 | 15 | 16 | 17 |
| 18 | 19 | 20 | 21 | 22 | 23 | 24 |
| 25 | 26 | 27 | 28 | 29 | 30 | 31 |

# はじめに

人には、好不調の波があります。いいときもあれば悪いときもある。体調もそうだし、何をやってもうまくいくときもあれば、何をやってもうまくいかないときがあります。誰もがそれを実感していると思います。

ふつうはまず、それを人それぞれの調子の波だと思うでしょう。個人的に備わった、それぞれに固有の調子の波だと。

けれども、個人的な波だけではなく、人間がみな一様にそういう波に乗せられているといったらどうでしょう。**もし、集団がみな一斉に浮き沈みさせられる波があるとしたら。自分が調子がいいときはみんなも調子がよく、自分が調子が悪いときはみんなも悪い。そんな人類規模・地球規模の波があるのだとしたら。**

そんなバカなと思った人には、おそらくこう思うでしょう。そんな波があること自体が疑問だし、仮にそういう波があったとしても、人間がみな同じような影響を受けるとは思えない、と。

それでは、たとえば夏の蒸し暑さを考えてください。誰もが不快になりますし、反対に、さわやかな五月の高原では、誰もが清々《すがすが》しくなります。

ここでいう集団に一律に降り注ぐ波というのは、もちろん気候のレベルとは違いますが、集団が一律に影響を受ける環境条件があるということは、それほど考えがたいことでもないのです。温度や湿度などの気象条件を超えて、人間の体調をよくさせたり悪くさせたり、気分を高揚させたり沈ませたり、集中力を増したり低下させたりする波が降り注いでいるのは事実です。

その結果、現実の現象としてはどんなことが起きるかというと、事故をはじめ、一般消費の動向を左右したり、政情の変動や、グローバルな経済活動の変動が生み出されたりします。とくに株価には非常によく反映されます。そんな地球レベルの波が現実にあるのです。

それでは、そのような波はどこからやって来るのでしょう。それは、太陽や月をはじめとした、宇宙からもたらされる波だというのが私の考えです。宇宙からの波、それを私は「**コスモリズム**」と呼んでいます（といっても残念ながら、現象は認められても、波自体はまだ科学的に検出されているものではありませんが）。

しかし、それは波であることは間違いありません。なぜなら、**いくつかの集団現象を観察することで、同じリズムで脈打つ一定の周期を見出したからであり、周期があるということは波にほかならないからです。**

その波にうまく乗れれば物事はなんでもうまくいくし、波と反対の行動をしていれば何事もうまくはいきません。運・不運というのも、そこからくるのです。**つまり、運がいい人というのは、波乗りのうまい人だったのです。**

私は、昔から自然現象の周期に関心がありました。それを追い続けているうちに、ついに地球に降り注ぎ、人間が一様に影響を受けるリズムを見出したのです。地球に降り注ぐリズムをコスモリズムと呼ぶなら、それに同調した人間のリズムを**「集団生体リズム」**と名づけました。人がそれぞれに持つ好不調の波の前に、この地球レベルのリズムが人間の活動のベースになっていたことがわかったのです。

周期があるとしたら、それをカレンダーに記すこともできます。そうやって作成したのが**『太陽風水暦』**です。その一部を巻頭カラー口絵で公開しました。

ぜひこのカレンダーにならって生活してみてください。本文は斜め読みしてもいいので、それだけは実行するといいでしょう。きっと何事もうまくいくようになります。

つまり、運がよくなるわけです。**だから、『太陽風水暦』は開運暦であり、ツキを呼ぶ暦・幸運を招く暦なのです。これを利用すれば、かならず幸運の波乗りの楽しさが満喫できるでしょう。**

あわせて、「一週間はなぜ七日なのか」「日曜日の本当の意味とは？」など、人類にとって最も身近でありながら、その意味や意義を理解してこなかった難問題についても解き明かしています。どうぞ楽しみながら「開運」してください。

# ツキを呼ぶ暦　目次

はじめに　1

## 第一章　運を科学のまな板へ
——運をよくするには自然のリズムに乗るのが基本

運のよさは成功のもと　14
運を科学の対象にせよ　15
運は変えられる　17
努力や信念は運の向上には直結しない　18
心の持ち方（精神論）でも運の向上には直結しない　19
自然のリズムに合わせるのが基本　21
環境条件には目に見えない流れもある　24
自然の波を肌で感じることが運を磨く　27

シックス・センスが運をよくする 28
意識して自然に耳を澄まさなければカンは戻らない 30
太陽をはじめ、すべての天体が運・不運の風を吹かせている 32
都会にも幸運の風は吹いている 34
「コスモリズムライフ」が幸運を呼ぶ 35

## 第二章 あなたは本当に休息しているのか
### ——休息にも集中が大事

時間をかければいいというものではない 40
何事も集中力がものをいう 42
本番はもとより練習もまた波を考えて行うべし 43
水木しげるは頑張らない 45
「仕事にストレスはつきもの」は幻想 46
眠たい目をこすって頑張るより眠るが勝ち 48

最近、疲れが残りませんか？ 51
〝癒し〟を求めるのは、正しい（密度の濃い）休息をしていないから 53
あなたは本当に癒されているのか 55

## 第三章 本当の日曜日は別にある ——〝癒されない症候群〟の原因はニセの日曜日にあった

休養をとるにふさわしい波は七日おきにやってくる 58
いまの日曜日に意味はない 59
日曜日の起源は「安息日」 61
一週間はどうして日曜日から始まるのか 63
ホリデーは聖なる日 64
「安息日は人間のために設けられた」とイエスはいった 66
カレンダーはスケジュールに縛られるためにあるのではない 69
安息日は曜日の問題ではなく「第七番目の日」 70

日曜日は太陽の日とはかぎらない 72
ユダヤはなぜ土曜日を第七日目としたか 76
七曜はどうしてできたのか 78
七曜の順序はどうしてできたのか 79
第一日目は本当は日曜日ではなく土曜日 82
本当の日曜日(休むべき日)は金曜日の夕方から土曜日の夕方 84
「調息」すれば効果倍増 86
「調息日」には四つのパターンがある 88
ブランコは前向きにこげ 94
癒しは金曜日の夜から土曜日。遊ぶなら日曜日 97
ツキを呼ぶ暦、それはすべて金曜日から始まる 99

## 第四章 地球に降り注ぐ様々なリズム
### ——太陽と月との二重奏

波風は宇宙からやってくる 102
飛行機事故は続けて起きる 103
事故が多発する特異日がある 105
二三日の周期 107
特異日に集中するのは飛行機事故だけではなかった 108
なぜ特異日圏内に集中するのか？ 110
ジェット気流の変化 112
ジェット気流を変化させ地震をもたらす力は何か 114
共通項は「歳差偶力」だった 116
歳差偶力のメカニズム 117
太陽と月のせめぎ合い 119
航空機事故のメカニズムとは 121
心を不安定にする「錯誤圏」 123
まず宇宙と人間に備わるリズムの存在を知ること 126

月は〝憑くもの〟 128
月と死 130
A・L・リーバーの「バイオタイド」理論 131
満月は殺人を呼ぶ 134
月と誕生 136
月と交通事故 139
満月は死に誘う 141

# 第五章 宇宙のリズム、人間のリズム
## ——宇宙にリズムがあるように生体にもリズムがあった

占星術誕生の頃と今は一二星座の位置が違う 148
異常気象も予測できる 152
太陽自身がいくつかのビートを刻んでいる 154
太陽活動の一二〇年周期 156

十干十二支の真実を追う 160
運は太陽によって支配される 163
秒読みに入った関東大震災 166
生体（体内）リズム 169
サーカディアン・リズム 170
赤ん坊に睡眠のリズムはない 171
一日は約二五時間？ 173
時差ボケのメカニズム 176
月のリズム再び 178

第六章 「集団生体リズム」の発見
——宇宙と人間との電磁気的交流

生体リズムは「バイオリズム」とは違う 182
「集団生体リズム」の発見 185

バイオリズムへの素朴な疑問 186
三つの周期は脳の三つの構造から発振される 189
「集団生体リズム」と「バイオリズム」の違い 191
三層構造の悲劇 194
五％でも集団を動かす力となる 195
「調息日」のための呼吸法 197
呼吸が時間感覚を変える 198
とにかく長く吐く 199
数息観《すそくかん》 200
習慣化した悪いリズムをまず壊せ 202

おわりに 207
参考文献 214


本文イラスト　渡部　健

# 第一章　運を科学のまな板へ

――運をよくするには自然のリズムに乗るのが基本

# 運のよさは成功のもと

ある人物が出世するかしないかを占うには、その人が運がいいかどうかをみればわかります。運、あるいはツキのよさは、出世のバロメーターです。だから、自分の将来を占うにも、これまで運がよかったかどうか、ついていたかどうかを振り返ってみればいいのです。じっさい、大会社の社長をはじめ、社会的に成功した人たちに成功の秘訣を聞くと、口々に自分の運のよさを真っ先にあげます。

会社の面接では、「あなたは自分を運がいいと思いますか?」という質問をされる場合もあるようです。そういうときは、たとえ自分は運が悪い、いつも貧乏クジばかり引いていやになってしまう、なんて思ってはいても、「もし運が悪ければ、こうやっていま面接は受けられていなかったと思います」と、軽く受け流すぐらいの余裕がほしいものです。得意げにいうのではなく、多少ユーモラスにいうこと。それがポイントです。

「採用されるかどうかはわかりませんよ」

面接官は意地悪そうにやり返すかもしれません。そんなときも、涼しげにこういってやるのです。

「不採用のときは、私を採用しなかった不運な会社に入らなくてよかったということで、自分の運のよさを喜びます」

まあ、日本では、ここまで切り返したなら、生意気なやつだとかえって敬遠されるでしょうが。

## 運を科学の対象にせよ

世の成功者はみな、どんなに努力家であっても、いや、努力家であればあるほど、そのことは差し置いて、まず「運がよかった」といいます。謙遜でもなく、みな実感のようで、そういう運のよさをもたらしてくれた何ものかに感謝しているというのもまた、異口同音にいうことです。

お日様は誰にもわけへだてなく光を注ぎます。太陽のもとではみな平等。でも、運は不平等です。同じように道を歩いていても、一万円を拾う人もいれば、犬のフンを踏んづけてしまう人もいます。

不慮の事故では、運・不運の差は歴然で、それがそのまま生死を分ける結果にもなってしまいます。運がよければ飛行機が墜落しても助かるし、運が悪ければ、つまずいて転んだだけでも頭を打って死ぬことにもなります。

この不平等の事実を、まず冷静に客観的に認めなければなりません。運においては、実に不平等にできている。それがこの世です。たとえ子どもたちには、「きみたちはみんな運がいいんだよ」といってやりたいし、子どもにはそういって育てるべき面も大いにあるとしても、現実はけっしてそうではない厳しさがあります。

**子どもには夢が必要ですが、現象を客観的に眺める目もまた養わなければなりません。運もまた、科学の対象とするべきです。まさに、運を科学のまな板にのせるのが本書の目的だといってもいいでしょう。**

そこで運のメカニズムがわかり、運をよくする方法が解明されたなら、それをこそ子どもに教えるべきです。そうなれば、ただの精神論で運を招こうというのとは格段の差がつきます。

# 運は変えられる

アイドルタレントなどはほとんど運しだいですし、会社でもそんなに実力がないのに、企画がすんなり通ったり、なんとなく上司の覚えがよかったりで、どんどん出世していく者がいます。有力者に引き立てられて成功していくというのは成功の鉄則で、そのような〝人との巡り合い〟というものは、大いに運のなせるわざなのです。

そもそも美人だとか、家柄だとか、生まれつきの条件については、これはもう運の独壇場《どくだんじょう》というしかありません。国籍や民族、男か女かというのも運まかせ。

**まあ、ここでは、家柄だとか、容姿や先天的な才能などの生まれつきの運命については、宿命と呼んで省くことにしましょう。宿命は変えられません。**

**けれども、「運」は変えられます。けっして意志や努力でどうにもならないものを運というのではないのです。運は心掛けしだいで運べます。**うまくいくように自分の意志で運べるもの。もし運べるようになったら、運という漢字のなかに軍という旁《つくり》があるように（というのはこじつけですが）、軍隊のように強い味方になるのも運なのです。

その反対に、ひとたび負け戦となったら、大軍もあっというまに敗走し、その勢いを止めるのも難しい。それが運だということです。でも、それはけっして制御できないわけではない。「きみたちはみんな運がいいんだ」と、子どもたちに自分は運がいいという信念を植え込んでいる大人がいるなら、その一方、運の女神の不平等さを知った子どもには、「やり方しだいで悪い運はいくらでも改善できるんだよ」と教えるのが必要なのです。男が女に、女が男になるよりずっと簡単なことなんだ、と。

## 努力や信念は運の向上には直結しない

それでは、どうしたら運がよくなるのでしょう。心掛けしだいで運べるというなら、どういう心掛けをすればいいのでしょうか。

努力は成功の可能性を高めることにはなります。信念は成功への近道です。それは確かです。でも、それと運をよくすることとは別。それらは必ずしも運の向上をもたらすとはかぎりません。成功の機会を高めるだけで、運そのものをよくすることには直結しないのです。

スポーツ界を眺めても、実力もあり、人一倍努力もしていながらケガに泣いて、実力を発揮できずに現役引退を余儀なくされた選手は数え切れないほどいます。野球選手としては華々しい活躍ができず、野球界ではスターになれなかったものの、引退後タレントで成功している長島一茂氏などは、運がいいといえるでしょう。特別おしゃべりがうまいわけでもないのに、司会の役までこなしているのは、まさに好運のたまものです。

腹筋は鍛えられます。どんな能力も、精いっぱい練習をすれば、それなりに伸びるでしょう。信念が強ければ強いほど、物事をやり遂げる力を生み出します。しかし、それが社会的な〝成功〟に結びつくかとなると、そうとはかぎらないのです。やはり、成功は運がものをいう世界です。

## 心の持ち方（精神論）でも運の向上には直結しない

その運をよくするにはどうしたらいいのか、ということです。運をよくする方法は本当にあるのか。

運をよくする方法を説く本は、世の中にごまんとあります。その大半は心の持ち方を説くものです。つまり、精神論。そういう説教本は、このところずっと売れています。

愚痴や不平不満ばっかりで運がよくなるわけがない。それは私も大いに同感です。小さいことにクヨクヨしていても始まらない。子どもは褒められて伸びるし、いい子にも育つわけです。マイナス思考より、プラス思考。何事も偶然はないのだから、何事にも感謝せよ。だいたい、そういったブーム本の精神論が説く運の強化法の要点は、この一言、二言で片づきます。

まあ、それは基本でしょうね。幸運を招くための心の基礎体力のようなもの。そういう心の教えは、ほかにまかせましょう。それに、心の持ち方だけで確実に運がよくなるわけでもないことは、皆さんも十分にご承知のことだと思います。

**そうなのです。「心の持ち方だけで必ずしも運がよくなるわけではない」のです。**そういう説教本を読んで、そのときだけは心の持ち方しだいで運がよくなると思って、なんだ、そんなことでよかったんだ、さあ、あしたからプラス思考でやってくぞ、不運な私よさようなら、と癒された気分にはなるとしても、それで本当に運がよくなる人は、いったいどれだけいるのでしょう。

## 自然のリズムに合わせるのが基本

さて、解答です。運をよくするためには、心の基礎体力の前に、もっとずっと基本のものがあるのです。

それは、私たちの生命を維持させている、自然環境の物理的な条件です。それを味方にすることです。

自然というより、地球環境といったほうがわかりやすいかもしれません。日々の生活にそれをうまく取り入れるかどうかで、好運（幸運）の波に乗るか不運の波に乗るかの傾向が決まります。といっても、まだ何のことかわからないでしょう。

まず、たとえ話から。帆船《はんせん》は風に逆らうより、帆に風を受けて風下《かざしも》に走るほうが速いし、また川の流れに逆らうよりは、流れに棹《さお》さし、川の流れに沿って下るのが合理的です。上の階へ行くのに、下りのエスカレーターを駆け上ったりしたらとんでもないロスです。

そんな、木目《もくめ》に逆らってカンナをかけるようなマネなど誰もしないと思うでしょうか。たしかに、下りのエスカレーターを上るなんていうのは、テレビのコメディーにはあっても、じっさいには誰もいませんよね。

**じつは、風や川の流れに逆らうなというのは、たんなるたとえでもなくて、好運の条件そのものでもあるのです。ごく単純な話、自然環境の条件に逆らわないで順行することが、好運の最低条件だということです。**

嵐に漁船を出せば沈没するし、風が収まったほうが安全操業できます。嵐のあとには、船を出さなくても海岸でコンブが拾えます。飛行機は気流に逆らって航行するより、気流に乗って飛ぶほうが時間も速く、燃料も節約できます。夏の台風の後に栗林に行けば栗が拾えますが、同じ時期にタケノコ採りに行っても青竹しかありません。人間関係の商談すら、真夏の不快指数が高いときには、まとまる話も流れてしまいます。

何事も自然の流れに乗ること。冷夏にクーラーは売れません。猛暑を予想してクーラーの在庫を増やし、予想が当たれば大きなもうけが出ます。これは、気象という自然の流れの未来予測ですが、同じ流れでも社会的な流れになると「時流」になります。時流に乗り遅れたり、先取りしすぎたりすると、やはり売れるものも売れません。

かつて、「山口百恵は時代と寝た」というコピーが話題になりましたが、これをあえて説明すれば、彼女は時流という波の波頭《なみがしら》に立って、見事な波乗りをしていたということです。時流サ

ーフィンのスター。波間に沈むヒマもみせず、その絶頂の波頭を駆け抜け、そのまま愛する人の胸へとジャンプして、時代とおさらばしていったのでした。

## 環境条件には目に見えない流れもある

なーんだ、それが解答？　と、ブーイングが聞こえそうです。時流はともかく、自然環境の流れに乗れ、なんていうのは当たり前のことなので、そんなのが運をよくする方法になんてなるもんかと思ったのではないでしょうか。そんなのは合理性の問題で、運というよりは、知識や洞察（予測）、つまり頭の使い方の問題だと。いや、がっかりするのはまだ早い。

たしかに、風や水流、気象や季節などは目に見えるし、下りのエスカレーターを上るバカは誰もいない。クソ暑くてイライラしているのがありありのときに、カネを借りにいっても追い返されるばかりだな、ぐらいは誰でもわかります。

**けれども、自然環境の物理的な条件のなかには、目に見えないものもたくさんあるのです。目に見えないし、科学的な装置でもまだまだ検出されない波があります。問題はまさにそれ。それこそが問題です。**

たとえば「風水」を持ち出せば話が早いでしょう。そのほうがわかりやすいかもしれません(風水は、気の流れで場の吉凶判断するもの。ブームが続いていますが、既成の風水の見方や鑑定法が、百パーセント正しいとは限りません)。

土地や家を渡る気の流れを、あなたは感じることができますか？　ひょっとして、あなたが病気がちで不運続きで、しかも貧乏なのは、悪い気が停滞するような場所で生活しているからではありませんか。かすかな気の波動は、専門家でなければわかりません。

気や風水なんていうのは迷信だと思うなら、もう少し科学的な話をしましょう。たとえば、低周波被害というものがあります。ダムや下水の水流などによって、低周波振動が発生し、近隣に住む人間の健康が侵されるのです。

これではっきりと病気にでもなればむしろわかりやすいのですが、被害というと、睡眠が侵されたり、一日中気持ちが優れなかったり、頭痛や肩こりで仕事の能率ががた落ちというような、自律神経失調症めいたビミョーな症状になります。その程度なら、たんなる疲れということで、原因を探ることなく、その不快な症状を抱えたままずっと甘んじてしまうことにもなってしまいます。そうなると、足に重りをつけたまま知らないで走っているようなムダをずっと強いられることになります。周囲には、仮病や怠け病にしか思われかねません。

あるいはもっと単純に、床下に水がたまって湿気が部屋に上ってくるような場合を考えても、それに気づかなければ、原因がわからないままいずれ健康がむしばまれます。シックハウス症状群をもたらす揮発性物質のような、微妙な物理的影響が自然のなかにはたくさん隠れているのです。

**その悪い条件に気づけば簡単に解消できるのに、知らないでいると不利益に甘んじてしまう。それは不運そのものです。運が悪いというのは、このように、知らないで背中に重りを背負って走っているようなもの。**

茨城県の神栖町《かみす》であった井戸水のヒ素被害でみたように、ヒ素は原因がわからないまま徐々に体をむしばんでいきます。すぐに気づかないとしても、ヒ素は検出できるからまだましなのです。微妙な逆風を受けたまま、運の失調症を宿して、おかしいな、おかしいな、と首を傾げながら、うだつの上がらないまま、一生浮かばれずに死んでいった人はどれだけいることでしょう!

それは本人のせいではない。運の病理を知らなかっただけなのです。

## 自然の波を肌で感じることが運を磨く

逆に、森へ行くと、清々しい気分になります。そこには、おいしい空気のほかにも、フィトンチッドとかマイナスイオンだとかの、気分をよくする微妙な環境条件があるからです。そういう環境で健康や精神の働きにプラスの作用がもたらされるなら、それだけで運のいい環境だということができるでしょう。

いま、田舎暮らしや、人工的な便利さを廃した自然に立脚した生活が、スローライフという言葉で流行語にもなっています。

私も、太陽とともに寝起きし、季節とともに生きる田舎暮らしはいいと思うし、それで心身も癒されるなら、運にもいいとは思います。

ただし、田舎にしか運をよくする波がないわけではありません。そこを勘違いしないように。田舎の効用というのは、かすかな自然の波を体感しやすいということであり、そこで感性のアンテナが磨かれて、運に影響する自然界の波もまた、都会よりは感知しやすいだろうという意味においてです。

自然感覚は都会でも磨けます。ふだんの生活でもできるのです。

**運を左右する波を取り入れるための準備体操として、まず自然の鼓動に耳を澄ますことです。自然のなかの生物の一員として、自然に逆らわず、自然のリズムとともに生活すること。それが運の波を知るための準備体操であり、運を味方にする基本です。**

自然環境の変化に耳を澄ますことによって、自分のなかの自然、すなわち動物的な感性も磨かれてきます。それは、有益な情報を先取りする能力も身につくということです。気象の変化を体で感じて明日の天気を予測するのは無理だとしても、移り変わる四季の気配ぐらいは感じてほしいものです。

環境のなかに潜む微妙な波動を察知する。目先が利くといえば狡猾なようにも聞こえますが、微妙な気配を感じることが、運のいい人の条件です。自然界では、情報収集能力に優れたものが生き残ります。それは、リーダーの条件でもあります。

## シックス・センスが運をよくする

動物的なカンとは、五感はもとより、第六感も含みます。第六感というのは、ふつうは超能力ということになりますが、これもたんに今の科学的な装置では検出されないだけの、なんらかの〝かそけき〟情報を察知しているということなのだと思います。

**よくいう「虫の知らせ」というのは、この第六感の働きによるものです。今の若い人には、シックス・センスといったほうがわかるでしょうか。**

電車などで後ろ姿がカッコいいとか、髪がきれいなので顔が見たいなんてぼんやり眺めていると、急に振り向かれたりしたことはありませんか。それもシックス・センスのうちです。巧みな話術もないのに営業成績がいいなんていうのは、案外、自分でも気がつかないそういうテレパシー能力を使っているのかもしれません。そういう人間が、はたからは運がいいやつと思われます。

運がいいというのは、利益を得るほかに、危険を免れたときにも使われます。たまたま胸騒ぎがして乗らなかった飛行機が墜落したというような運のよさは、おそらく、何らかの情報を事前に察知していたからでしょう。そうとしか考えられません。危機を知らせる微妙な情報を聞き取る「虫」を胸のなかに飼っていたのです。

**運のいい人というのは、無意識的な感受性において、目には見えない、つまりまだ科学的には検知されない何らかの情報を得る能力が優れているということなのだと思います。**つまり、鼻が利くのです。

さらに無意識のまま、その情報を自動的に処理して、自分にとって望ましい結果が得られるように選択行動をしているのです。結局は自分で選びとった行動なのに、その無意識的なところが、運がいいというように、何か偶然の好機に恵まれているというふうに、自他ともに思えてしまうのです。かんたんにいえば、将来のスターが道端でスカウトされるのも、けっして偶然ではなく、スカウトマンのいるところへ自分で足を運んでいるということです。

胸騒ぎがして搭乗を見合わせた飛行機が墜落したというケースでも、飛行機が墜落する様子をまざまざと幻視したというように、未来のビジョンをそのまま見てしまったとなると、もはや常識を超えた予知能力としかいいようがないのですが、ぼんやりとした情報をもたらす虫の知らせは、微妙な気配を感知する、本来動物が持っている自然な能力ではないでしょうか。

## 意識して自然に耳を澄まさなければカンは戻らない

文明が進むにしたがって、人間は分業化と機械化をすすめ、自然との交流は人まかせ、機械まかせで、直接自然と向き合わなくなりました。今日の天気も、ベランダへ出て空を眺め、肌で大気を感じるより、テレビの天気予報を見るほうが手っ取り早いでしょう。使わない能力は退化する。それが自然の成り行きです。

それに、自然がいいのはよくわかっていたとしても、この時代、夜勤もあれば二四時間営業のコンビニもあります。徹夜で業績を向上させている人もいるし、夜遅くまで好きで仕事をして、人の何倍もお金を稼いで、ゴージャスな生活を楽しんでいる人もいるでしょう。

**でも、都会的で人工的な某〝K姉妹〟のライフスタイルがゴージャスなのではなく、自然の流れとともにあるスローライフこそが、本当はゴージャス・ライフなのです。**あの豊満なピンクのボディより、黒々とした土の下から現れた真っ白な大根や、朝露に濡れたキュウリやナスビのほうがよっぽどエロチックだと、私などは思うのですが。

けれども、太陽とともに寝起きする農家でも、運悪く破産するケースもたくさんあるじゃないですか、という反論もあるでしょう。もちろん、田舎に住む人がみんな幸運なわけはありません。

そういう人たちは、たしかに太陽とともに寝起きはしていても、自然の幸運のリズムには乗り遅れているのです。たとえば、トラクターの借金に追われて汲々としているということは、生計がすっかり人工社会のリズムにはまっているからです。

田舎暮らしをしているからといって、ただ漫然と寝起きしているだけでは、ゴージャスな自然の波乗りはできません。大事なのは、意図的に、積極的に自然のリズムをつかむことです。意図して自然と向き合わなければ、シックスセンスどころか自然のリズムも読み取れない生物に、人間はなってしまったのです。

## 太陽をはじめ、すべての天体が運・不運の風を吹かせている

早起きは三文の〝徳〟といいます。太陽とともに寝起きし、自然と大いに交わり、季節とともに生活する。夏はクーラーなんぞに頼らないで、大いに汗をかく。

太陽は、私たちを幸運にする輝きなのです。とくに朝陽は、清涼な気を注いでくれます。『朝陽のように爽やかに』。そんなジャズのスタンダードナンバーがありました。

幸運を運んでくれるのは、うららかな〝陽光〟だけではありません。たとえ暗雲に覆われていても、暗雲を透かして太陽の鼓動が降り注ぎます。太陽からくる、目に見えないいろんな波動が、幸運を導いてくれるのです。

などと、太陽賛歌だけですましたいのですが、じつは、太陽には運をよくする波動しかない

のではありません。人を破滅に導く悪い波もたっぷりあります。だから、そう単純に日光浴をすればいいという話ではないのです。

それに、生物に影響を与える自然のリズムは太陽だけが放っているものでもないのです。天のあらゆる星々が地球に向けて発振しています。地球に注がれる、天のオーケストラの壮大なシンフォニー。

太陽以外の代表は、なんといっても月。太陽より月のほうが影響が大きい部分もあります。これもまた、いい波と悪い波があります。月のリズムの乗り方を間違えると、アンハッピーにもなるわけです。

さらには、太陽や月からの単独の波だけではなく、太陽と月をはじめ、天空の星々から発振される様々な波の重なり、交錯、干渉が、運・不運の風の多彩なバリエーションを生み出します。**天のリズムを利用し、味方につけることが、運の帆に風をはらませることになります。それを順風満帆といいます。**

## 都会にも幸運の風は吹いている

天空からの目に見えない波は、地球のどこにでも一様に降り注ぎます。自然に即した生活が運の栄養になるといっても、田舎の豊かな自然が即、幸運をもたらすということではありません。それどころか、田舎にも不運の風はビュンビュン吹いています。田舎に幸運の風しか吹かないのなら、過疎なんてないはずです。

足に重りをつける悪い気があるのと同じく、足を軽快にさせてくれる気もあります。それは、都会にも田舎にも平等に降り注ぎます。問題は、その二つを見分けて、どちらの風に乗るかです。

たとえ排気ガスや精神をイライラさせる喧噪に満ちていても、不夜城のコンクリートジャングルにも幸運の風は吹いています。フィトンチッドやマイナスイオンはないにしても、目に見えない、もっとも根本の自然の風、宇宙の息吹は、あまねく地球を吹き抜けているのです。その息吹こそが、運・不運をもたらす風です。

自然のリズムに反した都会のなかで、幸運を生み出す自然の隠れた順風を、自分の帆にどのようにはらむか。いや、順風にするために、自分をどこに向け、どのようにセーリングするか。**それがうまくできさえすれば、田舎暮らしに〝癒し〟を求めなくても、都会にいながらにして、社会の荒波をさっそうと滑っていく活力を得ることができるのです。風を読む。それが課題です。**

## 「コスモリズムライフ」が幸運を呼ぶ

自然のなかには、生命のあらゆる面に好調をもたらす波と、あらゆる面に不調をもたらす波があります。というより、それらは独立した二つの波ではなく、一つの波の二つの側面です。波には上昇期と下降期の二つの相があるわけです。その波の動向を見極めて、上昇期の波に帆を張るようにすることです。

これは、秋にタケノコを採りに行っても始まらないという間接的な運の問題ではなく、〝運気〟の増減に直結する問題です。上昇の波に乗るか、逆らって行動するかで運・不運の結果が決まってくるのです。

スポーツ選手を見れば歴然のように、人間にはそれぞれ好不調の波があることは、もはやい

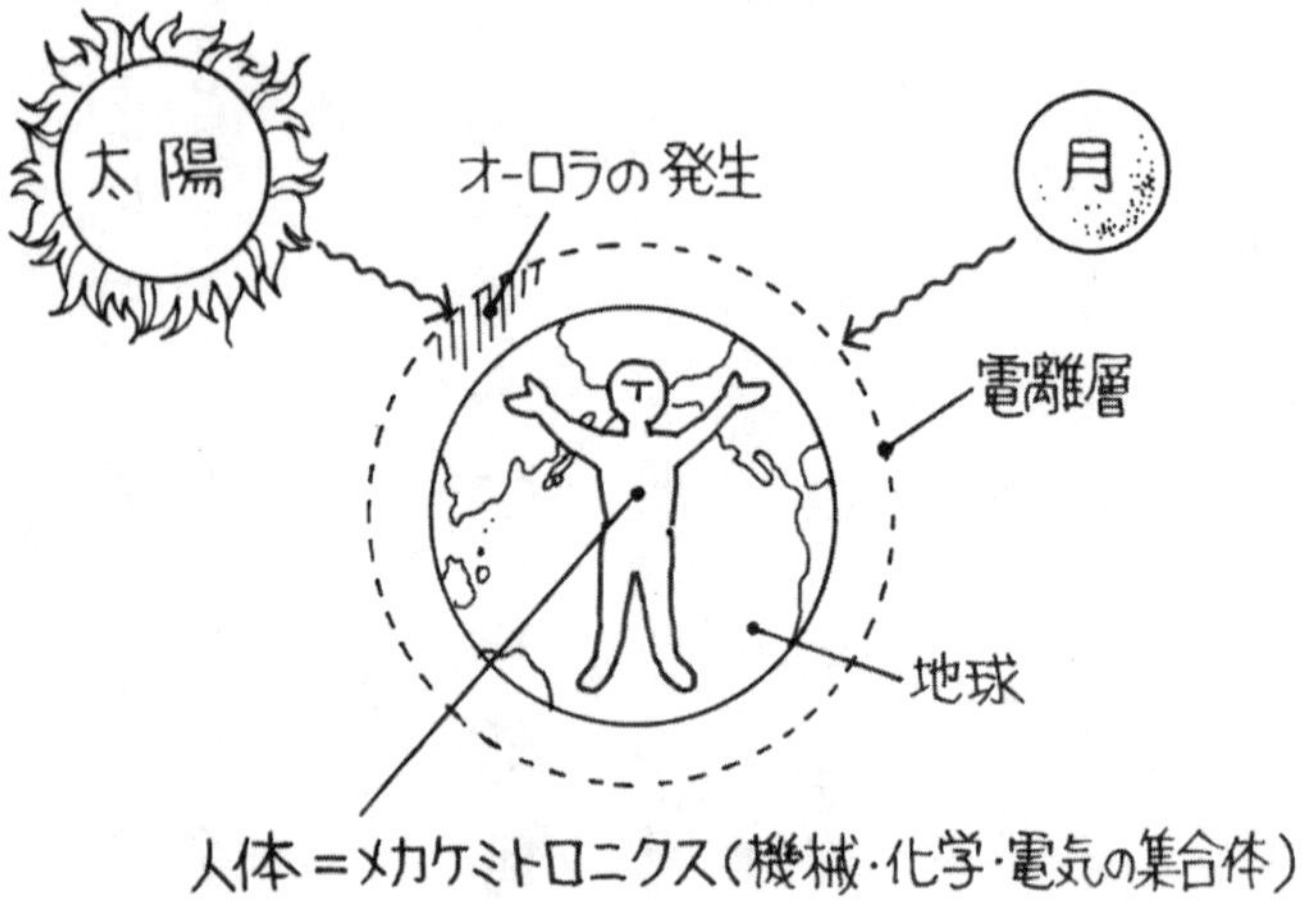


人体は宇宙の影響下で機能している
（参考『人は周期の法則で動かされている』飛岡健著、河出書房新社）

うまでもないことです。何年も好調を維持し続けるなんていうのはまずまれで、成績がいい年があれば悪い年もあるし、一年を通しても調子の山や谷はいくらでもあります。

人それぞれにある調子の波が、地球という星にも打ち寄せていると考えてください。地球の一員である生物は、当然その影響を受けるわけです。

この波、このリズムが運の動向を決める根本のリズムです。これは宇宙空間の天体相互の配置からもたらされるものなので、宇宙のリズムで「コズミック・リズム」、略して「**コスモリズム**」と呼ぶことにしました。

**大事なのはスローライフではなく、コスモリズムにのっとった「コスモリズムライフ」なのです**。スローライフというのは、躍進するために英気を養うというよりは、どちらかというと、疲れた心身を復調させるという〝癒し〟に目的があります。

それに対して、コスモリズムにのっとれば、スローライフよりはるかに癒されるし、そればかりか、生命力がみなぎってエネルギッシュになり、運勢の勢いも絶好調になるのです。毎日が幸せ日和になるわけです。

私は、**このコスモリズムの波を記した暦を制作し、『太陽風水暦』と名づけました**。ツキを呼び、幸せになる暦なので、**ツキを呼ぶ暦**とも呼んでいます。

このコスモリズムの具体的なメカニズムについては、後の章でお話しすることにします。まずは、この根本的なリズムを味方にしないことには、いい運気は得られないことを認識してください。

# 第二章　あなたは本当に休息しているのか

## ——休息にも集中が大事

# 時間をかければいいというものではない

以前、「24時間戦えますか」というコピーがありました。いくら栄養ドリンクを飲んだところで、一日中戦えるわけがありません。ロボットならまだしも、人間なら休養が必要です。

私たちは漠然と、偉業を成し遂げた人たちは、発明家にしろ、芸術家にしろ、学者にしろ、寝食を惜しんで、仕事に打ち込んでいたと思っています。仕事にかけるその時間の多さが、あらゆる困難に打ち勝つ原動力になったのだと。

じつは、そんなことはないのです。それよりも、もっと並外れた力がほかにあったのです。それを持たなければ、誰しも成功はおぼつきません。

「なるほど、成功するには、努力より運のよさだったんですよね」

と思ったでしょうか。

**行き着くところはそうですが、その前に、うまく集中さえすれば、一時間が丸一日ぶんの労働にも匹敵するという、効果的な時間の使い方をいいたいのです。**

**この集中法さえ身につければ、能率が目覚ましく向上するので、汗水流して、オーバーヒー**

**ト気味であくせく働かなくてもよくなるし、また仕事が好きなら、仕事量を増やしても十分に処理できるようになります。**

たしかに、偉業を成した人たちは人の何倍も働いていたのでしょう。発明や発見においては、長い観測や膨大な実験が必要になりがちで、どうしても労働時間も多くなります。けれども、発明や発見を生み出す本質的な着想や閃きというものは、労働時間のたまものではなく、ほんらい優れた集中から生まれるものなのです。

日本人はどうも、仕事にかける時間の長さを尊ぶくせがあります。それを「働き者」として尊重したりします。仕事をさっさとスマートにこなして、残業をしないで帰宅する、というのはあまり歓迎されません。

要領がいいというのは、仕事の効率がいいのだから歓迎されるべきなのに、同僚からは汗をかかないでおいしいところだけ持っていく、というような悪い意味で使われたりします。つまり「要領のいいやつ」というわけです。

## 何事も集中力がものをいう

野球という点取りゲームでは、練習の千本ノックに耐えるのがえらいのではなく、試合でヒットを打つことがえらいのです。スキーのジャンプには助走が必要なのかもしれませんが、大事なのは、何よりもジャンプの瞬発力です。高いジャンプをするには、必ずしも長い助走が必要なのではありません。大きな瞬発力さえあれば、いくらでも助走を短くできます。その瞬発力は、集中力から生み出されます。

アイデアが現実の創造力となって脳の外へと噴き出すには、精神集中の圧力が必要です。創造力を効率よく発揮するためには、時間ばかりだらだらとかけていてもダメで、いかに精神を集中させるかです。

**これは運動能力でも同じです。スポーツ界では、試合の前にイメージトレーニングを行うことが一般的になっています。多くの選手が、うまく勝利をイメージできたときに勝てるといっています。それは精神のコントロールにほかなりません。**

それでは、精神を集中させるにはどうするかということになります。体の調子と同じく、精神活動にも波があることは皆さんもよく知っています。ふだんでもよくいうでしょう。「あいつはどうも波がある」。

イライラしているときには、いくら精神を集中させようとしてもだめで、逆に気持ちが落ち着いているときは、短時間でスーッと集中できます。ここにも精神活動という〝波〟が出てくるわけです。

## 本番はもとより練習もまた波を考えて行うべし

その波のリズムに合わせることが、思考においても、身体能力においても、うまく集中力を発揮できる合理的な方法になります。

自分の能力を十二分に引き出し、全開させるのも集中力です。練習はさっぱりでも、本番に強いという人がいます。これは集中力のお陰でしょうが、集中力を発揮しやすいコンディションのときに、本番によく当たる巡り合わせになっているということでもあるのだと思います。

ふつうの日常生活でもこの波を利用しない手はないのです。たとえば、眠たい目をこすりながら、だらだらと勉強していると効率が悪いもの。みなさんも、本を読もうとして、スイスイ頭に入ってくる調子のいいときがあるかと思うと、なんだかぼうっとして、あるいはイライラして、いくら読もうとしても全然頭に入ってこないときもあるというのは、昔から散々経験していることだと思います。

同じ時間をかけるのなら、何事も調子のいいときにやるべきです。芸術やスポーツでも、練習はコンディションのいいときにやれば、どんどん身につきます。

スポーツでも芸術でも、練習は毎日やらなければだめだとよくいわれます。それが常識になっています。とくに演奏家などは、一日練習をサボれば、それを取り返すのに相当な時間をとられるといい、毎日、練習に何時間もかけます。

もし本当に技術が落ちるのだとしたら（これを否定する人はいないでしょうが）、一種の強迫観念が、無意識に自己催眠をかけた結果ではないかと思います。**私は、一日練習を休んだからといって技術はサビつきはしないし、またコンディションのピークで練習をすれば、そんなかすかなサビなどすぐに落とせると思っています。**

また逆に、練習をサボるのはコンディションが落ちたときであり、しまったと思って練習を再開するのもまたコンディションの谷間になりがちなので、調子が戻らないと自分を責めてしまうのではないか。それが「練習は毎日しなければ腕が鈍る」の幻想を支えているのだと考えます。

## 水木しげるは頑張らない

私の敬愛する、マンガ家の水木しげる氏がこんなことをいっていました。第七回手塚治虫文化賞の特別賞を受賞したときのスピーチです。

**「徹夜の自慢話をしていた手塚治虫さんや石ノ森章太郎さんは早死にをしてしまった。私は一秒でもよけいに眠ろうとしてきた。半分ねぼけたような一生だったが、それが健康につながり、長生きできた。眠りはなんにも得られないように思われるが、じつは大切なものなんです。眠り教という宗教でも作ろうかと思っているぐらいです」**（二〇〇三年六月一〇日付『朝日新聞』）

会場はいつまでも笑いに包まれていたといいます。私も水木氏の人柄を知っているだけに大いに笑いました（子どものときに、ご自宅へ押しかけて色紙を何枚も描いてもらったことがあります）。

つまり、水木氏は仕事をしたいときしかしなかったのです。おそらく、本能的にコンディションのいいときしかやらなかったのでしょう。

現代人のストレスの基本は、目覚まし時計の音で起こされることです。大事な一日の始まりからストレスです。満員電車に揺られている人のほとんどが、悪い目覚めの人たちです。

村上龍氏がデビュー間もない頃、先輩作家との対談で、「朝起きるときは妻のシューマンのピアノ曲で目覚めるのが理想」なんて、冗談まじりでいっていました（じっさい、その後まもなく結婚した相手はピアノの先生でした。冗談でもなかったのか）。その後の彼の作家生活を眺めると、やはり目覚まし時計の不快な音でたたき起こされるようなストレスライフとは無縁だったようです。

水木氏は、なおさら目覚ましなど必要なかったでしょう。スローライフの鑑ですね。

## 「仕事にストレスはつきもの」は幻想

売れっ子になればどうしても仕事量が増えます。大量に仕事をこなすには、やはりそれなりに労働時間も長くなります。寝食を削り、コンディションが悪いときも体にムチ打って頑張らなければ締め切りに間に合わなくなります。

手塚治虫氏の仕事量には頭が下がります。あれだけの大量生産をしながら、しかも作品の質が落ちるでもなく、みな良質の作品ばかりでした。単行本が出てからも、昔の作品にもずいぶん手直しをしています。さらには、過密スケジュールのなかで映画もよく観ていたし、知識も豊富でした。ほんとにいつ寝ているのだろうかという超人ぶりでした。

水木氏のいうように、手塚氏も石ノ森氏も、もっとスローペースだったら長生きできたろうにと惜しまれます。寡作《かさく》でもいいから、百歳まで現役で作品を描き続けてほしかったものです。レベルを落とさないという条件つきですが、徹夜の大量生産も本人が好きで、何のストレスもなくやっているのならいいのです。しかし、どうみても手塚氏の仕事ぶりは、ストレスのかたまりでした。

皆さんは、仕事には何らかのストレスがあると考えているのではないでしょうか。セールスマンをはじめ、どんな職業もストレスなしではやれない、とにかく人間関係が一番のストレスなんだと。まあ、それが世間の常識です。しかし、仕事だからといって、「ストレスは当然。稼ぐためにはいろんな不快なことも我慢しなくてはならない」なんて考える必要はないのです。

十分な睡眠・食事・休息をとったうえで、仕事は楽にやる。しかも、仕事のクオリティーは高い。やろうと思えば、それができるのです。なんていうと、ほとんどの人は「そりゃあ、理想だけど、誰もが水木しげるってわけにはいきませんよ」と笑い捨てることでしょう。

幸せとは何かと尋ねると、「家族みんなが健康なこと」というのが一番の答えだと思います。もとよりそれは大前提ですが、それよりも基本は、まず自分自身の心身の健康です。そのためには何よりもまず、「十分な睡眠と休養。スッキリした心身で、気持ち良く一日が過ごせること」です。それが幸せの大々前提です。そのベースラインの上に、恋愛だとかお金だとか仕事だとかの、それぞれの様々な付加価値がついていきます。

まず、快眠・快食・快便・リラックス。おいしい食事、ぐっすりとした眠り、充実したセックス。ときには、とろけるような午睡。本能の充足が動物の幸せの基本。どうも、そういう動物の幸せを忘れたのがいまの人間のようです。

そういう快適な生活のリズム、精神的なゆとりがあることがまた、集中をうまくコントロールできるようにさせ、短時間でクオリティーの高い仕事をこなせるようにさせるのです。

## 眠たい目をこすって頑張るより眠るが勝ち

何事も合理的にやらなければ損です。眠たいときはどうしたらいいか。水を頭からかぶったり、眠気防止のツボを押さえるより、何よりも眠ることです。

勉強など、半分眠りながら何時間もやるより、スッキリした頭で集中的にやるほうがずっと頭に入ります。何事も効率が肝心です。眠たければ眠る。それが自然の理にかなった生理です。明日のほうがよければ、明日に回す。

といっても、私はなにもナマケモノのスローライフを目指せといっているのではありません。念のため。

人間はロボットではないのですから、休養するときは、思い切って休むべきだということです。メジャーリーグをみても、疲れがたまった選手はどんどん休ませます。そういう合理主義は見習うべきです。別にボーナスというわけではなく、リフレッシュしてまたヒットを生産してもらうためのエネルギー補給です。休みも仕事のうち、なのです。

そういう休みを、日本人はどうも後ろめたく感じます。〝ずる休み〟という言葉があるように、病気以外で休むのがずるいことになっています。正直に「疲れがたまったので休養します」と元気よくいってはだめで、電話口でゴホン、ゴホンと咳の一つや二つしてやって、カゼのせいにしなければ通りません。カゼにも効用があったのです。

自然界の動物は、誰に許可を求めるでもなく、疲れたら休みます。食事も睡眠も交尾も、すべては自然のリズムにしたがった本能行為です。本能を抑制することがないので、だから基本的にストレスはありません。

しかし、人間は自然のリズムに反した人工社会のリズムで生活しているので、「ここらでちょっと休みましょうや」と本能が休養を訴えたとしても、おいそれとは休めません。勝手に自分だけ休めば組織に穴を開けるし、怠け者と白眼視《はくがんし》もされます。「腰に張りがある」なんていう理由で休めるのはスポーツ選手だけ。

本能に逆らって、体にムチをいれなければ社会の歯車としてやっていけない。家族のためにと本能を黙らせて、重たい体をなんとか毎日会社に引きずってゆく。だからストレスがたまります。

だからこそ休養が必要になるのです。そうやって労働を余儀なくされている人間は、ほんらい、自然の動物以上に休養が必要なのです。いったい、就労日より休日が少なくていいなんて誰が決めたのでしょう。

一日のうちに睡眠に何時間か割かなければ体が持たないのと同じく、何日かに一回は休養日をもうけなければやっていけません。過労死などというのは、なんて野蛮なんでしょう。過労死をもたらすほど休みのとれない組織は、労働効率が非常に悪いと認識するべきで、労働時間を短縮することが業績アップにつながるとの発想の転換をしなければいけません。

## 最近、疲れが残りませんか？

〝癒し〟ブームが依然として続いていて、若い女の子も、クイックマッサージやリフレクソロジーなんかに通っています。アロマセラピーもまだあるし、酸素吸入やらウォーターバーなんていうのもあります。こういうものは作られたブームなのでしょうが、若い女の子も疲れを抱えているという現実もあるのです。若い人でも、心も体もけっこう疲れています。

いまはまず週休二日。昔の農家のお母さんや、かつての企業戦士からすると、これだけ労働条件がよくなって、どこが疲れてるんだと怒られそうですが、みんなそれなりに疲れはたまっています。

ちょうどこれを書いているとき、休憩して新聞を手にしたら、ある女性雑誌の広告に「三十歳前後の女のカラダに今、何が起きている？」というタイトルがあり、その下に「こんな症状に効く」ということで項目が列挙されていました（雑誌に対抗策が載っているのでしょう）。それをちょっと転載させていただきます。

### ◇いくら寝ても疲れがとれない

●翌日に酒が残る

●疲れがとれない

●肌がくすむ

◇痩せにくいカラダになった
◇肌のくすみと毛穴が気になる
◇徹夜をすると、次の日使い物にならない
◇ヒット確実の合コンより、家に帰って寝たい
◇体型が緩んできた
◇翌日に酒が残る

これはなにも三十歳前後の女性だけではなく、世代も性別も関係ないでしょう。みんな疲れているのです。

## 〝癒し〟を求めるのは、正しい（密度の濃い）休息をしていないから

昔とちがって、最近は一日中パソコン画面とにらめっこをしているような、人工的で〝電磁的〟な職場環境での仕事が増えました。毎日深夜まで残業というのはもちろん、たとえ九時から五時の勤務でも、そういう環境では妙な疲れがたまります。

肉体労働のばあい、それが戸外で緑が多いほど、体を休めれば疲労は比較的早く回復します。けれども、空調が効いたビル内で、パソコンをはじめとした電子機器が並ぶ密閉空間では、ただそこにじっと座っているだけでも、休養も密度を濃くしないと疲労は簡単には回復しないのです。

そんな職場に勤めていて、多少疲れは感じていても、若いうちは遊ばにゃソン、ソンと、週末に夜遊びを繰り返していると、肝炎なんかで倒れかねません（とくに栄養が偏りがちな、一人暮らしの若い人は気をつけましょう）。

だから、昔より休養（休息）をしっかりとらなければいけません。休養さえしっかりとれば、自然に疲労も回復するのですが、いまの人たちは、週休二日でも休養が十分にとれていません。そこが大問題なのです。

**問題は休養のとり方にあります。現代人の疲労や、その蓄積からくる健康障害は、質の高い休養がとれていないから。休養をとるべきときにしっかりとっていないと健康を損なうばかりではなく、運もまた逃げていく。**

――これが私の考えです。これはたぶん、まだ誰もいっていないことだと思います。だとすれば新説になりますね。

休息も集中が大切なのです。ぎゅっと充実した休息は、起きているときの心身の機能を効率よく働かせてくれます。睡眠時間が短かったとされるナポレオンも、ぎゅぎゅっと、布団圧縮袋でコンパクト化された布団のように、密度の濃い睡眠をとっていたのでしょう。

## あなたは本当に癒されているのか

家で休んでいても、まわりがうるさかったら、寝ていても睡眠が妨害されます。熟睡が妨げられて疲れがとれません。

昨年（二〇〇三年）の春頃、ＪＲの運転士が居眠り運転をし、その運転士が睡眠時無呼吸症候群だったことがわかって、睡眠時無呼吸症候群は一躍脚光を浴びることになりました。

睡眠時無呼吸症候群というのは、その名のとおり、寝ているうちに呼吸が止まってしまう病態をいいます。息が止まったままの状態をしばらく続けて、苦しくなってからやっと息をします。それを寝ている間に何度も繰り返します。いびきと同じで、本人は無呼吸状態になっている自覚はありません。深い睡眠が妨げられるため、日中に強力な睡魔に襲われるのです。病的に眠くなる人、会議でどうしても居眠りしてしまうような人は、案外、これが原因かもしれません。

それにしても、たとえ危険のないデスクワークでの居眠りでも、このような睡眠障害を理由にするのは、朝寝坊を低血圧のせいにする以上に通りが悪いでしょう。診断書をもらってきても、「ナマケモノ症候群とどう違うんだ」と、上司の皮肉も覚悟しなければなりません。

それでも、それは科学的に解明される症状だからまだいいのです。低周波被害ともなると、原因はなかなかつかみにくいのです。

さらに、いまの科学装置では検出されない環境汚染もまだありうるはずです。そのように、精神を微妙にいらだたせる、測定できないある種のざわめきが空間に満ちていたりすると、計算のうえでは十分な睡眠時間をとっているつもりでも、安眠は妨害されていて、無意識下ではフラストレーションがたまっていることになります。調子も優れません。そういう環境では、いくら安静にしても何も癒されないのです。

# 第三章　本当の日曜日は別にある

## ――〝癒されない症候群〟の原因はニセの日曜日にあった

## 休養をとるにふさわしい波は七日おきにやってくる

ものごとを行うときに、順風の波をつかまなければならないというのが、一章でいいたかったことでした。それが健康や運の動向を左右します。じつは、さらに休息にも、合理的な休息が得られる波があったのです。

**充実した休息をもたらしてくれる波。それは、七日おきにやってくる波です。**地球に降り注ぐ、上げ潮と引き潮の目に見えない波。

「七日おき？　そうか、それが日曜日だったのかー」と、皆さんはきっといま膝をたたいたことでしょう。そうです。七日おきにやってくる休息にふさわしい一日、健康と運をリフレッシュさせてくれる一日、それが日曜日の由来だったのではないか。「暦って、けっこう合理的にできてたんだ……」。私もそう思います。

「私たちは日曜日があることで、自動的にリフレッシュされていたんだ。わーい、日曜日ありがとう！」

と感謝したい気持ちもわかりますが、ちょっと待ってください。そう単純に感謝していいのかどうか。はたして現在の日曜日は、週七日のなかで、ほんとうに一番休息にふさわしい日なのでしょうか？

いまの日曜日は、寝心地のいいベッドなのかどうか。うまく気持ちをリラックスさせる川のせせらぎや、そよ風が吹く日なのかどうか。

**結論をいいましょう。いまの暦の、七日にいっぺんやってくる日曜日の周期と、休養にふさわしい波とのあいだには、じつはズレがあるのです。早い話が、いまの暦の日曜日は、休養するにふさわしい日ではないということです。**

だから、みんな疲れがとれないのです。世界に普及しているいまのカレンダーを使っているかぎりは、世界中が疲れています。世界中が癒されないで、イライラ、カリカリです。トラックの運転手も、医者も、首相も大統領も、小学生やＯＬも、みんなイライラ、カリカリです。

## いまの日曜日に意味はない

現在、週休二日制が定着しつつあります。日本で週に一日、日曜に休むという制度は、一八七四年（明治七年）に官庁から始まりました。土曜日の半休（半ドンという言葉ももう死語ですね）も、すでにその二年後から始まっています。

「女工哀史」という言葉があるくらいなので、昔の労働者は、まず休みもろくにとれない過酷な労働条件のもとで働かされていたのだろうと想像できます。じっさい、工場法で月に二回の休日が定められたのは一九一一年で、しかも女性と子どもだけでした。一日八時間労働が制定されたのは、ようやく戦後の一九四七年になってから。

日曜休日が官庁から始まったというと、公僕というぐらいだから、当時の役人はなおさら滅私奉公で骨身を削って働いていたのかと思うかもしれません。労働者の保護のために、国民の代表として、まず役人から休日制度がもうけられたのかと思うでしょう。

ところが、そうではなかったのです。まったくその反対。明治維新まもない当時のお役人は、しょっちゅう休みがあって、あまり働かなかったのです。出勤日は、一年の半分にも満たなかったとか。つまり、週休制は労働者保護のためではなく、役人をしっかり働かせるためのものだったということ。働きずくめの庶民とはちがって、お役人は優雅なものでした。

さて、この日曜日。そもそも、いったいこれは誰が決めたのでしょう。最初の日曜日から、七日ごとに回ってきます。他の六日の曜日と同じく、七日に一回あるのはいいとして、最初の起点となった日に合理的な理由があるのでしょうか。

たぶん、「七日に一回のペースが守られるなら、最初の日曜日をいつにしたかなんて、別にどうだっていいんじゃない？」と思うでしょうね。

じつは、それが間違いなのです。仮に、日曜日に必ず雨の降る島があったとしましょう。その島で日曜日にしか洗濯ができない人は、必ず部屋に洗濯物を吊ることになって、永久にうっとうしい日曜日しか迎えられません。逆にいえば、ペンキ屋さんや大工さんにとっては、そういう巡り合わせの日曜日は好都合になるでしょうが。でも、遊びに出るにはブルーなサンデーです。

まあ、雨がそんなに定期的に降ることはないけれども、休むにふさわしいシャワーはあります。目に見えないだけで確実にあります。本当に癒されるべき日に日曜日がもうけられていたなら、世界はずっと穏やかで、賢明だったはずです。

## 日曜日の起源は「安息日」

まず、日曜日の歴史から始めなければ、真相は見えてきません。

これは週七日制や、「日月火水木金土」の曜日の起源と切り離せませんが、私たちが一般に使っている世界標準のいまの暦では、日曜日は休日ということで、やはり他の曜日とは性質が違います。日曜日の起源を知ることは、七つの曜日、つまり七曜の起源を知ることにもつながります。

**一週七日制と曜日の起源は諸説ありますが、カルデア人の新バビロニアに由来し、紀元前七世紀頃までさかのぼれるようです。バビロニアは、七を不吉な数とし、月初めから七日目、一四日目、二一日目、二八日目を注意するべき日として定めていたといいます。**

週七日制の成立については、ユダヤ人も大いに貢献しています。七日に一度の休日の起源として確かなのは、バビロニアのほかに、何よりも聖書の創世記神話でしょう。神は「光あれ」といって宇宙を造りはじめ、天や地、大空や水や星やけものたちを造り、七日目ですべてを完成させます。そこで創造を休み、この第七日目を聖なる日としたのでした。ユダヤ教の「安息日」は、この聖なる日に基づいてできたのです。

ユダヤ人は、一週七日で生活をした最初の民族だといわれます。いつ頃から始まったのでしょう。創世記神話では、モーゼが七日に一度の安息日を定めているので、すでにその頃から始まったと考えられますが、じっさいに定着したのは、おそらくバビロニアに捕らわれていた時代（いわゆるバビロン捕囚時代。紀元前五八六―紀元前五三八年）だったのではないでしょうか。礼拝する神殿がなくなったかわりに、七日に一度、神に一日の時間を捧げるということで、生活を律し、安息日を厳しく守るようになったのです。

しかし、曜日については、捕囚になる前にはまだ存在しませんでした。それではどう呼んでいたかというと、ただ第一の日、第二の日と呼んでいただけです。あるいは安息日の一日前とか二日前とか。曜日が始まったのは紀元前二世紀頃という説もありますが、私はすでに紀元前七世紀にはあったという説をとります。おそらくユダヤ教は、このバビロン捕囚時代に曜日を取り入れたのだと思われます。

## 一週間はどうして日曜日から始まるのか

ユダヤ暦でいう七番目の日の安息日は、私たちが使っているいまのグレゴリオ暦では、土曜日に当たります。子どもの頃カレンダーを眺めて、どうして月曜が左端でなく、日曜が左端になっているのかと悩んだこともあるのではないでしょうか。つまり、学校が始まる月曜から始まるほうが一週間としては収まりがいいのに、どうして日曜が先にきているのかと。だいたい、週末というのは日曜日が最後なのに。

このカレンダーの表し方も、七番目の安息日を土曜日とするユダヤ暦に由来していると考えるとわかりやすくなるでしょう。七番目の日を土曜日にするなら、一週間の始まりは、やはり日曜日になるわけです。

私たちの頭には、日曜日イコール休日、休日は日曜日という図式ができあがっているので、日曜日には休みの意味があるように思っていますが、もともとは日曜日は休みとは無関係だったのです。週に一回休むなら、たんに日曜日にしようと決めただけのこと。七曜ができたときの最初から、日曜日は休日の地位を与えられて、カレンダーに赤い色で記されたのではありません。

## ホリデーは聖なる日

安息日は、ユダヤ教では「シャバート」といいます。シャバートは「仕事を中断する」という意味です。

私たち日本人には、仕事から解放されたたんなる休日（デイ・オフ）のように思えますが、ユダヤ教では戒律のひとつです。仕事をしなくていいというより、一切の労働が禁じられているのです。やっていいのは、神にかかわることだけ。日本では休日の土曜出勤が褒められたりしても、ユダヤでは罪になります。

**ユダヤ教の教えが厳格に守られているイスラエルでは、いまでも土曜日には街は静まりかえります。**

その後、ユダヤ教から離反したキリスト教徒は、安息日を日曜日に置き換えますが、イタリア語、スペイン語、ポルトガル語で、土曜日のことを「サバト」と呼ぶのは、ユダヤ教のなごりです。

ヨーロッパのデパートが、書き入れ時の日曜日にわざわざ閉店しているのも安息日によっています。たんなるデイ・オフの休日なら、経済効率を考えて、日本と同じように平日を休日にすればいいはずです。けれども、やはり神にかかわる聖なる日ということが、いまだに日曜日の開店をためらわせています。

西部劇といえば、日曜日に家族みんなで教会に出向く風景が定番です。『大草原の小さな家』でもおなじみですね。教会がデイ・オフの日曜日にあわせて説教日にしているのではなく、そもそも日曜日は仕事を休んで神に祈りを捧げる聖なる日だったのです。アメリカでも、かつては教会に行かなければ村八分にされたものです。

聖なる日、英語でいうとｈｏｌｙ（ホーリー、聖なる）・ｄａｙ。すなわち、ホリデー。休日の起源は、神を思う聖なる日だったのです。

## 「安息日は人間のために設けられた」とイエスはいった

不信心な私でもたまに聖書を読むことがあります。といっても、創世記と新約聖書の福音書ぐらいですが。

聖書の四つの福音書ぐらいは、通読して損はありません。知識として何かと役に立ちます。ギリシア神話とともに、音楽や絵画、文学からいまのハリウッド映画まで、欧米文化を理解するには、なかなか便利なテキストです。まさに「バイブル」ですね。昔どこかで見聞きしたエピソードや引用句も、「なんだ、ここからきていたんだ」と膝を打つことがよくあります。

救世主や悪魔、ハルマゲドンなどをテーマや素材にしたものは、ハリウッド映画だけでいったいどれだけあるでしょう。『ベンハー』や『エデンの東』はもとより、『指輪物語』や『マトリックス』も聖書なしに語れません。手塚治虫氏の頭のなかにも、聖書の知識がたっぷりと詰まっていました。

ゴルゴダの丘に向かうキリスト。体制側に目の敵にされたキリストは最後にとらえられ、むちで打たれながら、町中を引き回され、ゴルゴダの丘まで歩かされた。そして丘の上で、十字架にかけられた。

昔、ユダヤ教の安息日についてよく知らなかったとき、「安息日に穂を摘む」という聖書のエピソードがピンときませんでした。こういう話です。

ある安息日に、イエスが弟子たちを連れて麦畑を歩いていると、弟子たちが穂を摘んで食べ始め、それを見ていたファリサイ人（ユダヤ教の一派。モーゼの律法の厳格な遵守を訴えた）が、「なぜ彼らは安息日なのに、してはならないことをするのですか」とイエスをなじったのです。

それに対してイエスはこう答えます。「ダビデも、ひもじかったときに、宮に入って祭司以外は食べてはならない供えのパンをとって、自分も食べたし、供の者にも分け与えたではありませんか」。

またこうもいいました。

**「安息日は人間のために設けられたのです。人間が安息日のために造られたのではありません」**

**安息日というのは、仕事をしてはいけないのはもちろん、ものを食べてもいけなかったようです。**日常的にそれだけシビアな制約があったことが私にはわからなかったので、ファリサイ人の怒りがピンとこなかったのです。厳格なユダヤ教徒は、それをただただ守り、守らない者を断罪しました。

それに対してイエスは、「安息日だとしても、腹がへったら食べたっていいんだ」というわけですが、別に安息日と断食の関係について論じようとしたのではなく、細かな律法さえ守っていれば神への義は守られるという教条主義におちいっていたユダヤ教徒（ファリサイ人）に対して、神は形式のなかにあるのではないということを諭したかったのです。なにしろ、安息日の禁止事項は三九カ条、それを守るためにさらに一二三四もの行為が禁止されていたといいます。

このファリサイ人から安息日の掟破りを口実に、律法を汚す者として訴えられ、イエスは十字架を背負わされて、ゴルゴダの丘へと引きずられていくのでした。

## カレンダーはスケジュールに縛られるためにあるのではない

安息日は人間のためにある。宗教的な問題はさておいて、イエスの言葉を私の都合だけで聞けば、人間がまた元気に暮らしていけるために休養するべき日だと教えているように聞こえます。疲労回復のための休養日です。

**安息日は人間を利するためにあるのであって、人間が無意味な制約を受けるためにあるのではない。カレンダーもそうです。生活の指針として利用するべきものであって、因習やスケジ**

**ユールに縛られるためのものではないのです（ちなみに、大安とか仏滅の六曜は、因習以外の何ものでもありません）。**

たとえば、六月一日といえば「衣替え」の日。この日を境に、制服は一斉に薄着になります。これは、暑い季節になれば薄着をして、快適に過ごせるようにしましょうというのが目的です。六月一日という日付は時期の目安としてあるだけで、その日を守ることに意味があるわけではありません。

ファリサイ人が安息日を冒したといってなじったのは、六月になってもまだ寒かったとしても、衣替えの規則だからといって薄着を強制するようなものです。彼らにとっては、何としてもその日を守ることが神に褒められることになります。たとえカゼをひいても、日付さえ守れば神は喜ぶと考えます。そんな硬直化した戒律主義を、偽善だとして否定したのがイエスでした。

## 安息日は曜日の問題ではなく「第七番目の日」

キリスト教徒は、安息日を日曜日に置き換えたといいました。それが制度として定着したのは、**西暦三二一年、ローマ皇帝コンスタンティヌス一世が、日曜日を「主の日」と定めて、都市で公的活動を行うことを禁止してからです。それが日曜休日の起源です。**

コンスタンティヌス帝はキリスト教を公認し、みずからもキリスト教に改宗した皇帝として有名です。

なぜ主の日といったのかというと、イエス・キリストが復活したのが日曜日だったからです。当然ながらキリスト教は、イエスを救い主として崇めます。その誕生や、十字架の上での死より、何よりもその復活を神の栄光として尊びます。

イエスに偽善だと否定され、さらにイエスをはりつけにさせた張本人こそ、古めかしいユダヤの教えでした。だからクリスチャンとしては、仕事を休んで神とともに過ごす聖なる日は、ユダヤ教の土曜日ではなく、イエスが復活した日曜日にこそ求めたのです。その日こそ真のシャバートにすべきだと。

そこから考えなくてはならないのは、安息日というのは必ずしも土曜日だとか日曜日だとかの問題ではなく、あくまで七日に一度の周期の問題だということです。

また私の解釈によるなら、七日に一度は休みなさいよ、という教えであって、曜日自体に意味はないのです。もし、聖書に神は土曜日に休んだと記されて、そればかりか土曜日は神のために仕事を休む安息日だとしっかり記されていたとしたなら、ユダヤ教と決別したクリスチャンといえども、安息日を日曜日にもっていくことはできなかったでしょう。聖書には曜日のことなど書かれていないのです。

## 日曜日は太陽の日とはかぎらない

このように、ユダヤ教を起源としてキリスト教圏内に広がっていった安息日ですが、アラビア語でも土曜日を安息日と呼びます。

イスラム教のアラブの民がどうしてわざわざ異教徒の、しかも敵対関係にある民族の暦の名称なんか使うのか、妙な気がするのではないでしょうか。もっとも、今はもうただの曜日名でしかなく、「神に捧げる日」という本来の意味ははるか昔に失われています。それにしても、安息日というのは、もともとはユダヤの神に捧げる日のはず。

もはや、私たちが土曜日というのと同じく、七番目の曜日を表すただのニックネームのようなものでしかないとはいえ、どうして安息日という言葉が残ったのか。

ユダヤの暦の成立からすると、イスラム教が成立したのはずいぶん後になってからのことなので、アラブ民族のあいだには、実用のカレンダーとして（ユダヤの神抜きの）ユダヤ由来の暦が浸透していたことがあるでしょう。マホメットにアラーの啓示があったのは、はるか後世の七世紀。マホメットが現れてから、ようやくアラーの神を念頭においた独自の暦が作られることになったのです。それでも安息日という名称は生き残りました。

イスラム圏内ではほとんどの国が金曜日が休日、または午後から休みになっています。金曜日のことを「集会の日」というように、この日は仕事をやめてみんなで礼拝の集いをします。つまり、アラビア語では金曜日という曜日名はなく、「集会の日」が週の六番目の曜日名になっているということです。安息日とは違って、これは文字どおりの意味が残っているわけです。

そこで、金曜日はムスリム（イスラム教徒）の実質的な安息日かと思いがちですが、仕事の禁止は強制ではなく、礼拝が済んだら仕事をしてもいいことになっているので、丸一日仕事が禁じられるユダヤ教やキリスト教の安息日とは違います。だから、金曜日（集会の日）は神に祈りを捧げる聖なる日ではあっても、安息日ではないのです。**安息日というのは、ユダヤとキリスト教徒だけのものでしかないとみるほうがいいでしょう。**

この週の六番目の日を聖なる日としたことにも、とくに意味はありません。同じ啓典宗教の民として、ユダヤ教やキリスト教を後追いしたムスリムが、自分たちこそが選民だと差別化するために、土曜日や日曜日の安息日よりも早い日に、自分たちの聖なる日を設定しようという政治的意図でできたようです。

日曜日というのは、その名のとおり「太陽の日」の意味です。だから英語ではサンデー、ドイツ語ではゾンターク（Sonntag）といいます。北欧諸国も太陽の日です（左ページの表参照）。

ところが、なるほどこれは世界共通かと思って、フランスやイタリアやスペインで、「日曜日は〝太陽の日〟といえばいいんだな」と現地語で話しても通じません（外国人が旅先の地で日曜日のことを伝えたいとき、西洋からはるかに離れた日本のほうが、「太陽の日」といえば理解できます）。コンスタンティヌス帝が日曜日を主の日と定めてから、日曜日の呼び名もまさに「主の日」に変わったのです。

それらのカトリック系の国はそれからずっといままで、文字どおりみな「主の日」と呼んでいます。コンスタンティヌス帝以前のローマでは、「太陽の日（ディエス・ソリス）」と呼んでいたのが、主の日ドメニカとなりました。フランス語ではディマンシュ、スペイン語ではドミンゴです。ギリシャやロシアになると、もっと直接に「復活の日」と呼びます。

このキリスト教伝来の日曜安息日が、明治時代に官庁に導入されて、しだいに日本中に広まっていったのです。

| 国　語 | 日 | 月 | 火 | 水 | 木 | 金 | 土 |
|---|---|---|---|---|---|---|---|
| フランス | 主 | 月 | マルス | メルクリウス | ユーピテル | ウェヌス | 安息日 |
| イタリア | 〃 | 〃 | 〃 | 〃 | 〃 | 〃 | 〃 |
| スペイン | 〃 | 〃 | 〃 | 〃 | 〃 | 〃 | 〃 |
| ポルトガル | 〃 | 第二 | 第三 | 第四 | 第五 | 第六 | 〃 |
| 英　国 | 太陽 | 月 | ティル | オーディン | トール | フレイア | サトゥルヌス |
| ドイツ | 〃 | 〃 | 〃 | 週の真中 | 〃 | 〃 | 太陽日の前日 |
| オランダ | 〃 | 〃 | 〃 | オーディン | 〃 | 〃 | サトゥルヌス |
| ノルウェー | 〃 | 〃 | 〃 | 〃 | 〃 | 〃 | 洗濯日 |
| デンマーク | 〃 | 〃 | 〃 | 〃 | 〃 | 〃 | 〃 |
| スウェーデン | 〃 | 〃 | 〃 | 〃 | 〃 | 〃 | 〃 |
| フィンランド | 〃 | 〃 | 〃 | 週の真中 | 〃 | ペルーン | 〃 |
| ギリシャ | キリスト | 第二 | 第三 | 第四 | 第五 | 準備 | 安息日 |
| ロシア | 復活 | 毎週 | 第二 | 真中 | 第四 | 第五 | 安息日 |
| ポーランド | 〃 | 〃 | 〃 | 〃 | 〃 | 〃 | 〃 |
| ハンガリア | 太陽 | 七の頭の日 | 〃 | 〃 | 〃 | 〃 | 〃 |
| アラビア | 第一 | 第二 | 第三 | 第四 | 第五 | 集会 | 〃 |
| インドネシア | 主 | 〃 | 〃 | 〃 | 〃 | 〃 | 〃 |
| ヘブライ | 第一 | 〃 | 〃 | 〃 | 〃 | 〃 | 〃 |
| ヒンディー | 太陽 | 月 | 火星 | 水星 | 木星 | 金星 | 土星 |
| 中　国 | 天 | 一 | 二 | 三 | 四 | 五 | 六 |
| 朝鮮（韓国） | 日 | 月 | 火 | 水 | 木 | 金 | 土 |

世界の曜日名の原意
（出典『暦と占いの科学』永田久著、新潮社）

## ユダヤはなぜ土曜日を第七日目としたか

安息日というのは、別に神サマが「この日は休め」といったのではなく、人間が勝手に決めたことです。七日に一度の休日も、神が定めたわけではない。

それでも、宗教的な意味はともかく、七日に一度のサイクルで休養日をもうけるのは、生理的に理にかなっているのだと思います。休むべきそのサイクルを、古代の人は、神が七日目に休んだという神話に象徴させたとみることもできます。もっと休みたい怠け者の民族だったら、神は二日で宇宙を造って一日休んだ、なんていう神話を作ったかもしれません。そういう民族に生まれたかったものです。

いずれにしろ問題なのは曜日ではなく、あくまで周期。そう考えるのが私の立場です。しかし、もうお気づきのように、一週間を七日として、その曜日の順列がずっと変わらない今の暦においては、いったん第七日目がどの曜日に当たるかを定めると、その曜日は、安息日、あるいは休日の曜日の地位を得て、ずっと続いていくことになります。**しかも、紀元前から今日まで、何月何日という日付の順列（ローテーション）は暦の改革ごとに連続性が断たれているの**

**に対し、これまで曜日の順列は「日月火水木金土」の七日のサイクルで、ずっと変わらずに来ています。**

別に聖書には、第一日目が何曜日だと書かれているわけではありません。神が休んだ七日目がいつなのかということはまた、宇宙を造りはじめた第一日目はいつなのかということになります。神話の話なので、答えなど出るはずもありません。何曜日だったかなんていうのは、まったくナンセンスです。

いちおう改めていっておきますが、創世記神話に、神は七日目に休んだと書かれているからといって、七日周期で安息日をもうけなければならないというのも、部外者から見ると合理的な意味は何もありません。あえてわかりきったことをいえば、そもそも天も地もない宇宙の始まりに、神がいう一日を、地球の自転の一日で換算するのが間違っています。単位がベラボウに違います。

**それでも興味深いのは、どうしてユダヤが土曜日を第七日目としたのかということです。**それはとりもなおさず、日曜日を第一日としたことになるわけです。それでは、一週間が日曜日から始まるということにどういう根拠があったのでしょう。**実は、これがよくわからないのです。そもそも七曜はどこからきて、どのように作られたのか。**

## 七曜はどうしてできたのか

ユダヤ教の安息日は、キリスト教徒によって日曜日に置き換えられ、コンスタンティヌス帝によって定められたのでした。ということは、当然ながら当時のローマには、すでに七日で一週間のカレンダーがあり、曜日の名前もあったということです。

三九二年にローマ帝国で国教となってから、キリスト教（カトリック）は世界に広まっていきます。ガリラヤやゲルマニアと呼ばれた西欧の奥地にキリスト教が広まるにしたがって、週七日制や曜日も広まっていきました。

**さてその曜日ですが、前に述べたように、これはカルデア人からもたらされ、ユダヤ人に受け継がれて各地に広がっていったと考えられています。カルデア人は当時の大国アッシリアを破り、紀元前六二五年、チグリス・ユーフラテス川流域（いまのイラクのあたり）に、強大な新バビロニア王国を建ててメソポタミアの覇者となりました。**

カルデア人は天体観測が得意でした。占星術の発祥もカルデア人によるもので、占星術師のことは、英語でアストロロジャーとともにカルデアンとも呼んでいます。カルデア人がいなければ、誕生日の星々の配置で運勢を占う星占いの楽しみもなかったのです。

彼らは空を観測して、規則正しく動くほかの星（恒星群）とは違った動きをする、五つの光の強い星を見つけます。それを「惑う星」と呼びました。惑星、すなわち土星、木星、火星、水星、金星です。この五つのほかにも、空を不規則に動く特別な星がありました。空で一番大きな二つの星。太陽と月です。いまでは太陽は恒星、月は地球を回る衛星だとわかっていますが、当時は惑星のジャンルに入れられていたのです。

この七つの星には神が住み、地震や疫病や戦争など、地上に起こるすべての現象を支配していると考えられました。人間の運命も例外ではなく、人間はこの星々の操り人形にすぎないとみなされたのです。

七つの星は、それぞれ一日交替で地上の一日を支配していると考えられました。つまり、それが週七日と曜日の起源になります。曜日と惑星の名前の一致は、偶然ではなかったのです。

## 七曜の順序はどうしてできたのか

あとは「日月火水木金土」というローテーションの問題です。その由来を述べておきますが、これはさして重要ではないので、読み飛ばしてもらってもけっこうです。

まず、地球への支配は、地球から遠い順にもたらされると考えられました。当時の考えによると、土星が一番遠く、次に木星、火星、太陽、金星、水星、月の順です。そこで、土星が第一日目の基準になったようです。しかし、これだけではいまの順序になりません。ここからいまの順序になるには、もうワンステップ必要です。

まず一日二四時間もまた、一時間ずつ、その順番で支配されるということと、また一日は、その第一時（に相当する星）が支配すると考えられたこと。この二つの法則によって、やっといまの順番になります。

つまり、第一日目の第一時を支配するのが土星だとすると、その日は土星の日となります。また、第一日目の第一時が土星なら、二時は木星、三時は火星、四時は太陽、五時は金星、六時は水星、七時は月となり、また元に戻って八時が土星になります。そうやって七つの星と二四時間をカップリングさせていくと、翌日（第二日目）の第一時は、太陽の支配になります。

この要領で順繰りに当てはめていくと、三日目の第一時は月の支配になり、四日目の第一時は火星、五日目の第一時は水星、六日目の第一時は木星、七日目の第一時は金星になるというわけです。

| | 第１時 | ２時 | ３時 | ４時 | ５時 | ６時 | ７時 | ８時 | … | 23時 | 24時 |
|---|---|---|---|---|---|---|---|---|---|---|---|
| 第１日 | 土星 | 木星 | 火星 | 太陽 | 金星 | 水星 | 月 | 土星 | … | 木星 | 火星 |
| 第２日 | 太陽 | 金星 | 水星 | 月 | 土星 | 木星 | 火星 | 太陽 | … | 金星 | 水星 |
| 第３日 | 月 | | | | | | | | | | |

「一日は第１時が支配する」

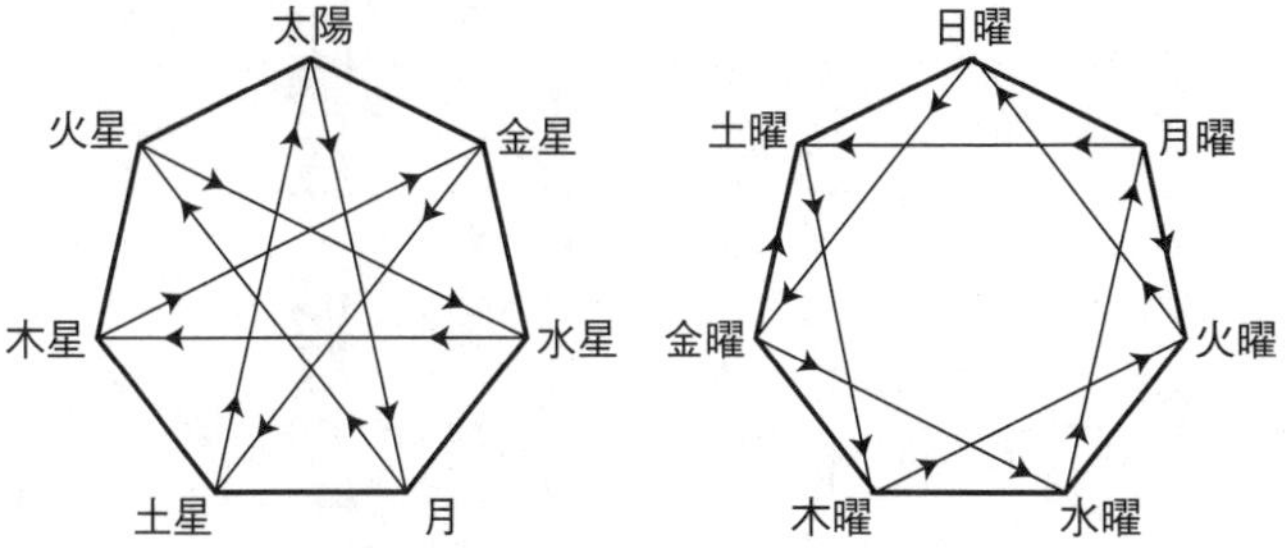


出典『暦をつくった人々』
（デイヴィッド・E・ダンカン著、松浦俊輔訳、河出書房新社）

数学的にいうと、土星、木星、火星、太陽、金星、水星、月の順列を二つおきに飛び越えていけば、いまの「日月火水木金土」の順列になります（前ページの図表参照）。

## 第一日目は本当は日曜日ではなく土曜日

ここで、ちょっと待って、と首を傾げた人は、読み飛ばさなかった人ですね。

「順列はいいとしても、これでいうと第一日目は土曜日なのに、どうしていまの暦は日曜日が一日目になっているのか？」

きっとそう思われたでしょう。ご指摘ごもっとも。読み飛ばしてほしかったのですが、やっぱり気づかれてしまいましたか。それでは説明いたしましょう。

つまり、「①日②月③火④水⑤木⑥金⑦土」というのはいまの一週間の順序であって、古代人の一週間は土曜日を第一日目とするのだから、「①土②日③月④火⑤水⑥木⑦金」の順ではなかったのかという疑問ですね。たしかにそのとおり。土曜日を一週間の始まりとした古代人の順序でいくと、ユダヤの安息日の第七日目は金曜日になります。それなのにどうして、ユダヤは土曜日を第七日目にしたのか？　そういう新たな疑問が出てきます。

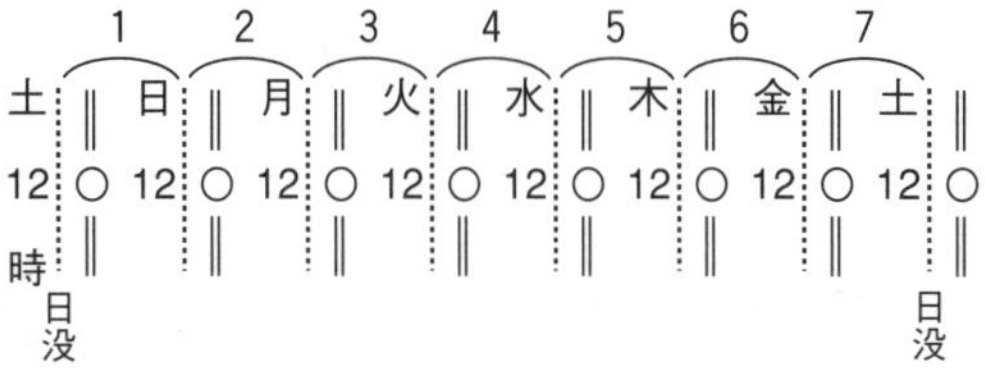


第7日目は金曜日の日没から土曜日の日没まで

**これは、ユダヤの安息日は正確にいうと土曜日ではなく、金曜日の日没から土曜日の日没だということがヒントになると思います。ユダヤは日没から日没を一日と考えていたようです。**

第七日目が金曜日の日没から土曜日の日没だということは、すなわち第一日目もまた、土曜日の日没から日曜日の日没にならなくてはいけません（上の表参照）。

ユダヤの考えでは、厳密にいうと土曜日の日没から第一日目が始まることになるわけですが、時間的には日曜日のほうが長いので、きりをよくして便宜的に日曜日から第一日を数えることにしたのでしょう。そうなると当然、土曜日が七日目になります（これはあくまで私の推測で、ユダヤにはもっと深い意味があるのかもしれませんが）。

## 本当の日曜日（休むべき日）は金曜日の夕方から土曜日の夕方

じつをいうと、私もユダヤの安息日の設け方に賛成なのです。奇《く》しくも、私独自の研究によって発見された、休むにふさわしい日のサイクルと、ユダヤの安息日とが一致したのでした。

**つまり、こういうことです。「七日に一度の休日は日曜日ではなく、金曜日の夕方から土曜日の夕方までにすべきである」と。**

ふつう、仕事は日中にするものなので、休みは実質的に土曜日になるでしょうが、いまは週休二日がたいぶ定着化されてきているので、これでも別に何の不都合もないかもしれません。でも、まだ土曜日が隔週の休みだったりするケースもあります。そんなばあい、本当は土曜日を確実に休んで日曜日を隔週の休みにすべきです。つまり、土曜日と日曜日を入れ替えるわけです。

いまカレンダーで色づけされている土曜日のブルーは、たんなるデイ・オフを示す色ではなく、集中して休むべき〝癒しの日〟の色だと考えてください。神のために過ごす日という安息日など関係のない日本人にとっては、ありがたいことに、日曜日はこれまでどおりデイ・オフの休日でいいわけです。

安息日の発明者のユダヤ教においては、ひょっとして上層部の聖職者にしか知らされない、その日でしかありえない特別な意味や効能が隠されているのかもしれません。金曜の夜か土曜日には、安息日の特別のミサや、特別の過ごし方があるのかもしれません。

**しかし、モーゼが出会ったという聖書の神を知らない私は、宇宙そのものを神と考えます。もし神がいるのだとすると、宇宙の存在そのものでしょう。私は、神というのは、宇宙に満ちた法則が擬人化されたものだと考えます。創世記神話は、古代の人たちが宇宙を観測し、思索して得られた知恵を象徴したものです。**

宇宙はあまりに整然としたリズムに満たされているので、偶然にしてできたものとは思えず、神という創造主を生み出さざるをえなかったのではないでしょうか。神というのは、宇宙法則の象徴なのです。ユダヤが見出した七日に一度の安息日も、神に託された宇宙のリズムだと考えます。

そうやって客観的に自然を眺めると、やはりじっさいに七日に一度の波があるのでした。偶然というより、科学的な表現をしなかっただけで、古代人もまたそれを知っていたと考えるほうが合理的です。その七日に一度のリズムを、私は独自のやり方で発見したといいましたが、発見というより、再発見というほうが妥当かもしれません。**聖書にも書かれています。「太陽の**

下に新しいものは何もない」と。

## 「調息」すれば効果倍増

私も、一切何もしてはならないというユダヤ教の安息日は、やはり形式主義の迷える信仰でしかないと考えます。イエスに賛成、です。

しかし、七日にいっぺんの休日を普及させた点では大いに評価されるべきです。それは、生命力を回復させて健康を保ち、運をよくするためにはなくてはならない〝癒しの日〟です。いや、癒しの日として確保しなければならない特別な日なのです。

しかし、たんに週休一日のペースであれば、いつでもいいわけではありません。あくまでその休日は、〝休むにふさわしい波が出ている日〟に限ります。

**仮にその日を「本当の日曜日」と呼ぶことにしましょう。もちろん、それは金曜日の夕方から土曜日の夕方になります。**その日でなければ、たんに労働から解放されるというデイ・オフの骨休みにすぎず、十分な癒しや、運の強化にはつながりません。

妥当な週一日のサイクルで休養をとれば、効率のいい癒し効果によって生命力が活性化し、健康にいいばかりか、心が落ち着いて頭脳もクリアーになります。肉体労働はもちろん知的労働が効率よくこなせるようになり、もちろんその結果だけでも運がよくなります。

**休むべき「本当の日曜日」に休めば、幸運の波を取り入れられる。それが、本来の安息日であるべきなのです。**

安息という言葉の意味は、休息と同じ。さて、ここでまた新説。七日にいっぺんの休日というのは、たんに仕事を休んで休養をとりなさいという安息より、私は「調息」であるべきだと考えています。

息を安《やす》んじるのではなく、息を調《ととの》える、です。〝一息つく〟のではなく、意識的な呼吸のコントロールをして新しい息を招くのです。そのためにはまず、古い息をすっかり吐かなければなりません。つまり、〝息抜き〟です。

元気で生活するには、最低週に一度は、一週間の汚れた息を抜かなければなりません。**しかし「調息」どころか、十分な息抜きすらされていない。それが元気になりきれない現代人のウィークポイントなのです**（weak point であり、week point でもあるわけです）。

まず、休むにふさわしい「本当の日曜日」に休むこと。それだけでも心身と運の健康をもたらします。でも、そこからさらに「調息」すれば、その効果も倍増します。この「調息」については、最後に改めて詳しくお話しすることにします。

## 「調息日」には四つのパターンがある

「本当の日曜日」というのは、従来の日曜日とまぎらわしいので、これからは「調息日」あるいは「ヒーリング・フライデー」と呼ぶことにしましょう。

**さらにまた、ここで覚えてもらいたいことがあります。この「調息日」、あるいは「ヒーリング・フライデー」には四つのパターンがあるということです。**四つとも七日に一度の癒されるべき日にはちがいないのですが、人を好調に導く波を持つ日と、不調に導く波を持つ日の二つがあります。

調息によって、好調の波は増幅し、不調の波はうまくかわします。順風には帆を上げ、逆風には帆をたたむ。そのセーリングを調息でやるということです。

**話を簡単にするために、これまで七日のリズムといってきましたが、じつはこの七日のリズムは、正確にいうと二八日周期の波が大もとで、その波の山や谷、中間点（ゼロポイント）に相当するのが、七日区切りの折り返し点や通過点になるのです。**

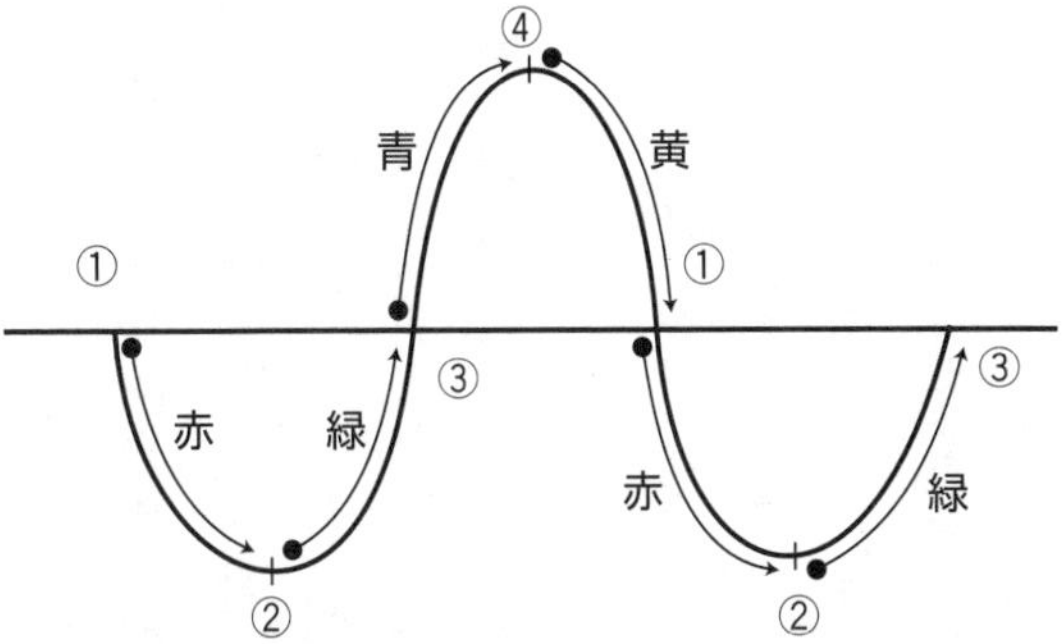


28日周期の波と７日おきの山と谷

上の図を見てください。まず、下降に向かうゼロポイントを①とします。一般には、波動のグラフは③を始点として、③、④、①、②、③の順で描かれますが、私は図のように、下降へ向かうゼロポイントを始点と考えます。

波の底は②、上昇に向かうゼロポイントが③、頂点が④です。①―②、②―③、③―④、④からまたゼロポイントの始点の①まで、それぞれが七日間になります。**この①、②、③、④が「ヒーリング・フライデー」に相当するわけです。**

この四つに、巻頭カラー口絵の**ツキを呼ぶ暦『太陽風水暦』**に合わせて、それぞれ名前をつけましょう。

**①はレッド・フライデー、②はグリーン・フライデー、③はエメラルドブルー・フライデー、④はイエロー・フライデーです。**

好調や不調の波は、波の向きが示しています。図を見ると、ふつう④が絶頂で②が不調の底だと思うでしょうが、④がピークなのはいいとして、②が一番悪いということではありません。ここが大事なところです。

**注意しなければならないのは、①のレッド・フライデーです。信号でいえば、レッドは「危険」を表します。この日は、二八日に一度の危険な風が吹きます。ですから、危険な日は①だと覚えてください。**安息日が、体を休めて安静にしておきなさいという意味だとしたら、それは四つの金曜日のうち、**①のレッド・フライデーのためにあるようなものです。レッド・フライデーに続く一週間は、突発的な事故を始め、精神的な乱れやうつの状態に陥りやすい日が続きます。**

次に、**②のグリーン・フライデー**は、底ではあるけれども、希望をもっていれば、またうまく上昇の波に乗れるという意味を込めています。調子が悪くても、腐って投げやりになってはいけない。必ず日はまた昇る、待てば海路の日和《ひより》ありということで、これに続く一週間は希望を忘れずに待機せよという週です。

**③のエメラルドブルー・フライデーは、②の底から始まった上向きの上昇気流に乗って、難しい仕事やこれまでできなかったことを、思いっきり波に乗って片付けましょう、さあこのま**

**ま張り切っていきましょうという意味をこめています。**ですから、この日に続く一週間は、精一杯アクティブに活動しましょう。ただし、**一日目のエメラルドブルー・フライデーは情緒が不安定になりやすいので、口論やけんかなどに注意することが必要です。**

また、**七日目（二一日目）は最好調日なのですが、自信過剰になりやすいので、知人、友人との口論や盛り場でのけんか、スピードの出しすぎによる交通事故、体力過信によるスポーツの事故にも気をつけてください。**自信過剰によって感情のコントロールができなくなり、神経が動揺しやすくなります。その結果、腹を立てたり口論を起こしやすくなります。また、スピードの出しすぎによる交通事故にも注意が必要です。

**④のイエロー・フライデー**は初めの一日はすべてが最高潮に達するのですが、**この日をピークに気分は下がり始めます。**この日は、③の週を受けて気分は高揚し、何だってできないことはないと錯覚してしまいます。**二二日目（イエロー・フライデー）をピークに、気分や体調は徐々に下がり始めます。「何かおかしい」「気分が下り坂」と勘のいい人は感じ始めることができるでしょう。つまり、たいへん感情が不安定になります。**ですから、このイエロー・フライデーに続く一週間は、次にやってくる危険な大波、レッド・フライデーに備えて、のみ込まれないよう精神や体調を調《ととの》えなさいという週です。

## 22日〜28日目

(イエロー・フライデーに続く一週間)

- ●気分や体調が、22日目（金曜日）をピークに徐々に下降していく期間。
- ●次の一週間を乗りきるため、体調や精神を調える。
- ●自信喪失や不安になりやすくなるので、失敗してもあまり深く考え込むことをしないこと。
- ●28日目には情緒不安定になりやすいので注意。

## 1日目〜7日目

(レッド・フライデーに続く一週間)

- ●1日目は、大きな事件、事故が起きやすいので外出をひかえる。
- ●1日目は気象・気圧の変化も起きやすくなるので、健康に注意。
- ●うつになりやすい期間（7日目はうつのピーク日）。
- ●気分が沈滞し、体調が低下する。深刻に物事を考えないようにする。
- ●会社での上司とのトラブル、恋人、友人とのトラブルが起きやすいので注意が必要。
- ●頭痛、腰痛、胃痛、肩こりなどの不定愁訴がピークに達する。
- ●特に1日目（金曜日）は最注意日。仕事中のミスが多くなる。
- ●情緒の不安定から、突発的な事故が起きやすくなる（特に1日目と7日目）。
- ●感情のコントロールが必要（情緒が不安定になりやすい）。
- ●この期間は難しいことは考えず、気分が明るくなることをして過ごすのがコツ。

## ■金曜日から始まる、ツキを呼ぶ暦のみかた
### ～「太陽風水暦」28日周期のタイムスケジュール～

### 15日～21日目
（エメラルドブルー・フライデーに続く一週間）

- 気分や体調がピークに向かう期間。
- 仕事などがテキパキと片付けられる。これまでできなかったこと、難しい問題などはこの週に一気に片付ける。
- アクティブに行動すれば万事好調となる。
- 友人や恋人、家族とのレジャーには最適の期間。
- ただし、15日目（金曜日）は情緒不安定になりやすいので、注意が必要。
- 21日目（木曜日）は最好調日。気力が最も充実する。ただし、自信過剰による暴走、自動車事故、盛り場での口論やけんかに注意。

### 8日目～14日目
（グリーン・フライデーに続く一週間）

- 気分や体調が徐々に上昇していく期間。
- 閉塞的な状況から解放される。
- 友人や恋人との交遊がスムーズにいく。
- ただし、8日目と14日目は情緒が不安定になりやすいので、事件や事故、また、仕事上のミスにも注意。
- 14日目には、気象・気圧の変化も起きやすくなるので、健康に注意。

## ブランコは前向きにこげ

この波の向きや加速度と、私たちがどう構えたらいいのかという関係は、ブランコをこぐときを考えるとわかりやすいと思います。

ブランコをこぎはじめるときはどうしますか？　静止状態の位置からそのまま前へこぎはじめることもありますが、お尻をブランコに乗せて後方へ体を移動させてから、勢いをつけて前へ振り出すやり方もあります。そのときの後方へ移動したときのポジションを②とします。つまり、波の底です（次ページイラスト上側参照）。

地上から足を離してこぎはじめ、垂直の位置にきたときが③、そこからさらに勢いがついて振り切ったときの、前向きの最高点が④、そこからこんどは反対に、後ろ向きの加速がついて①の中間点をビュンと振り抜けると、後ろ向きの最高点が②になります（次ページイラスト下側参照）。②の頂点から、また前向きの振り子になって③を振り抜き、④で一瞬止まってまた後ろ向きのスウィングになります。**注意するべきは、後ろ向きでゼロポイントを通過するときだということです。**

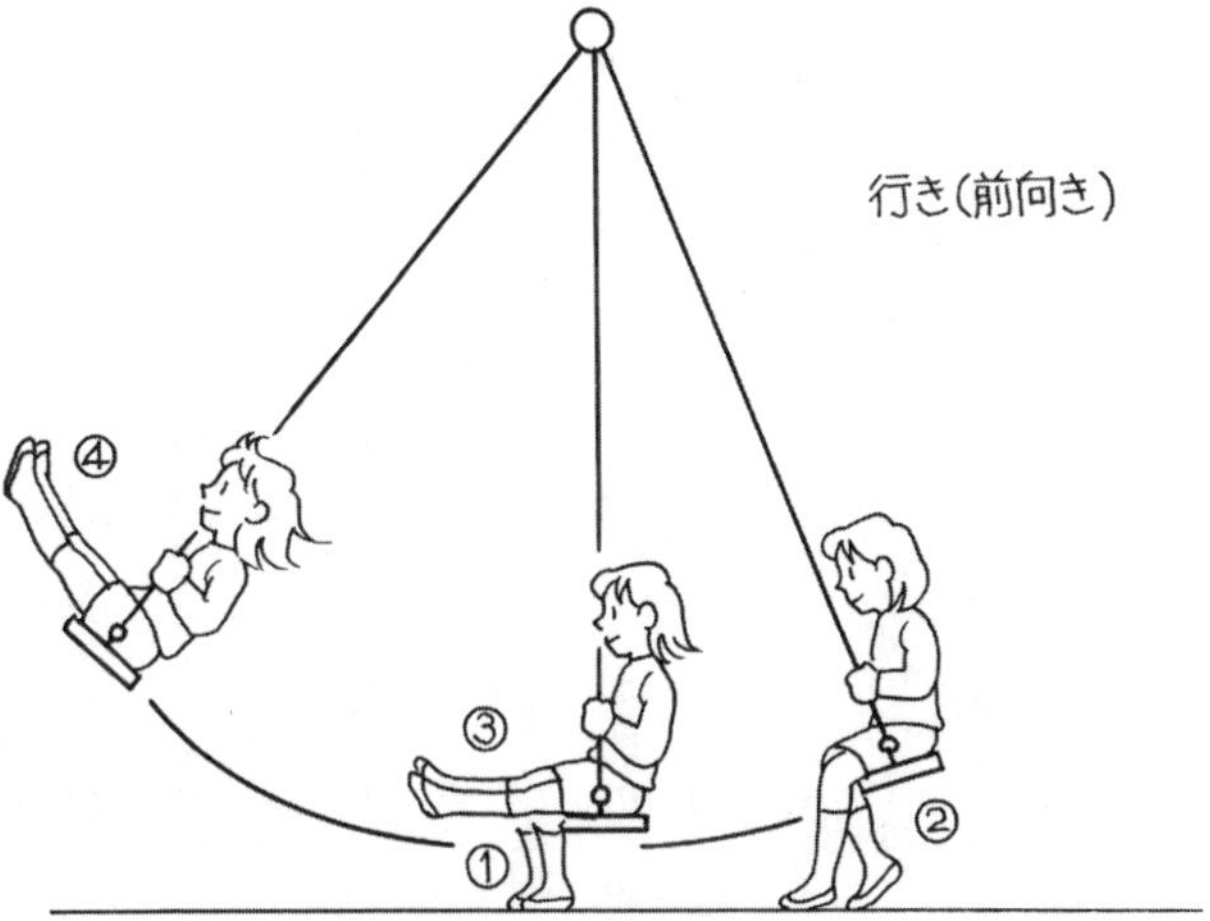


ブランコをこぎはじめるとき

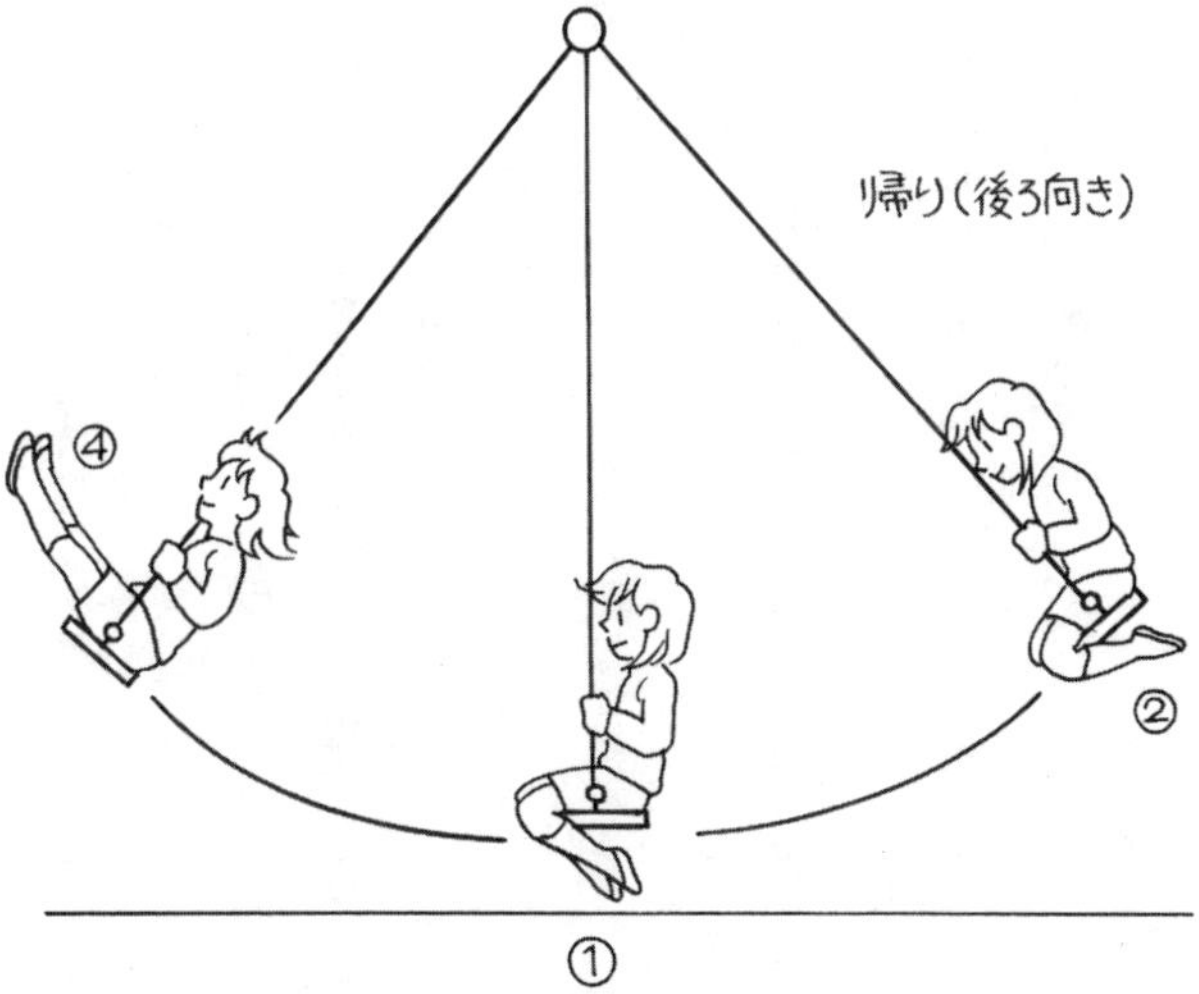


後ろ向きの加速がついたとき

ブランコには、こぐタイミングというものがあります。足をぐいっと伸ばしてブランコに加速をつけるのは、この①—④のいつですか？　それは前向きのスウィングのときです。私が何度も、波に乗れとかタイミングが大事だというのは、まさにこのことです。もしブランコが後ろ向きに振れているときにこいだとしたら、ブレーキになります。**ブランコは、前向きに振れているときにこぐ。後ろ向きに振れているときは、ただ身をまかす。それが運をよくするための物理学です。**

巻頭口絵の暦に、この①から④の「調息日」を示しています。

二八日周期というのは、一週間の七日で割り切れます。この二八日周期が一定なら、その山や谷、すなわち①から④は、必ず同じ曜日になります。

**だから「調息日」の金曜日は、太陽系の運行が大きな変化をしないかぎりは、過去から未来にかけてまず変わることはないのです。**

**暦がなくても、金曜日が「調息日」であることはわかります。**でも、①から④のどのパターンになるかはわからないので、巻頭口絵の暦を見て確かめてください。

## 癒しは金曜日の夜から土曜日。遊ぶなら日曜日

調息日は、金曜日の日没から土曜日の日没までだということなのに、どうして「ヒーリング・フライデー&サタデー」にしないのかと疑問に思われた方もいるでしょう。

たしかに、フライデーといっても、正確には金曜日の夕方から土曜日の夕方までなので、注意してください。①から④のポイントは、この間の二四時間に相当します。巻頭口絵の暦には便宜的に金曜日の日付を入れてありますが、翌日の土曜日の夕方までが「調息日」の圏内です。また、二四時間できっちり区切られるのでもなく、前後には数時間から半日ほどの幅があることをお忘れなく。

調息は何時間もする必要はありません。金曜日の夜にするか、土曜日の日中にするかは自由です。合理的なのは、金曜日の夜に済ませて、穏やかな気持ちで床につくことです。そうするとぐっすりと眠れるし、土曜日も楽しく迎えられます。一週間の疲れがそこでうまく癒されたなら、土日を遊びでフル回転させることもできるでしょう。**調息日を「ヒーリング・サタデー」ではなく、「ヒーリング・フライデー」としたのは、金曜日の夜に調整するのが合理的だという**

**意味もこめています。**

つまり、この調息日というのは、なにもその二四時間、調息以外は何もしないで安静にしていろというのではありません。避けるべきはストレスで、変なストレスがかからないのなら、遊びに行っても仕事をしてもけっこう。「ヒーリング・フライデー」は、ストレス解消日といってもいいのです。ストレスでねじれた心身を元に戻してやるのです。

心も体も穏やかに過ごすのが理想ですが、ストレスが解放できるのなら、ぼうっと釣りをするのもいいでしょう。遊びといっても、頭に血が上るようなギャンブルはいけません。えっ？ギャンブルは仕事だ？　だったらなおさらです。

いま土日が休みの人は、どちらか一日を遊ぶ日と決めたら、たいていは土曜日をその日とするでしょう。土曜日に遊んで、日曜日は月曜日からの仕事のために家でゆっくり過ごすというパターンが多いと思います。独身時代は二日ともワイルドに遊んでいたのが、年をとるにしたがって、日曜日は月曜日に備えるという人が増えるのではないでしょうか。

**ところが私の、ツキを呼ぶ暦『太陽風水暦』からすると、むしろ土曜日を休んで日曜日に遊べということになります。**日曜日が週の始まりだとすると、活動状態になっているのが理想です。いずれにしろ、疲れのとれないブルーマンデーを迎えないことです。お肌がくすんで、腫れぼったい顔で月曜日を迎えれば、幸運も逃げていきます。それは男性も同じです。

## ツキを呼ぶ暦、それはすべて金曜日から始まる

最後に、これまでの話をまとめてみましょう。

**七日に一度、休むにふさわしい一日がある。それは、金曜日の夕方から土曜日の夕方まで。それを「調息日」、または「ヒーリング・フライデー」と呼ぶ。その日にただ心身を休めるだけではなく、調息する。**

**その一日はまた四つのパターンがあり、そのパターンをよく意識して調息すること。それによって集中度の高い深い休息（癒し）が得られ、運もまたよくなる――。**

じつは、運に影響をおよぼす波は、これだけではありません。この七日の波のほかにも、いくつかの大波・小波があります。それを読み取ることができれば、運の大海を渡る一等航海士です。**私は、その指針となるチャートを作成し、それをツキを呼ぶ暦『太陽風水暦』と名づけました。**

けれども、基本は七日に一度の波。休むべきときに休めば英気の養成が合理的に行われ、さらに正しく「調息」を行えば、幸運の船にターボエンジンをつけたようなもの。週末の過ごし

方いかんで運の動向が決まるのです。とても簡単な航海術です。

ユダヤ民族が科学や金融、政治に強く、世界に有能な人材を供給しているのは、案外、金曜日から土曜日にかけての隠された安息日をうまく利用する伝統があるからかもしれません。ファリサイ人の、やってはいけないというタブー意識ではなく、ひょっとして順風に帆を張る知恵と、航海士としての秘密の航海術があるのかもしれません。

しかもイスラエルを中心としたユダヤ教の人たちは、いまも自然の波がわかりやすい「太陰太陽暦」を使っています。それは、日本が明治維新に捨てた旧暦といわれる暦です。それもまた、ユダヤ民族の強さの秘密の源泉なのかもしれません。

「おわりに」を最初に読まれた方はもうおわかりでしょうが、運にあまり恵まれていなかったこの私自身が、この運の波乗りに『太陽風水暦』のチャートを用いることで、運の高波が面白いように押し寄せてきているのです。私はただその高波に乗るだけです。その「太陽風水暦」を公開するのが、暦の神サマ（?・）のご利益をいただいた者としての使命だと思っています。

# 第四章　地球に降り注ぐ様々なリズム

## ——太陽と月との二重奏

## 波風は宇宙からやってくる

地球に影響をおよぼす波を、宇宙からの風ともいいました。

宇宙からの風なんていう言葉を聞いて、宇宙に風なんかないぞと、ずっと眉を吊り上げていた人もいるかもしれません。たしかに宇宙空間で、ウチワをパタパタとあおいで七輪でサンマを焼こうとしても、ウチワで風は送れませんし、そもそも炭に火もつきません。

もちろん、風というのはたとえです。天体の配置からやってくるものだとはいいましたが、それが何か、これまで具体的には語ってきませんでした。いったいそれは何なのか。具体的にどんな現象で、どんな物理的性質があるのか。それが自然現象だとして、それではそれがどんなふうに人の運を左右する影響力をもつことができるのか。ずっとそれには触れないできました。

それをお話しするには、私の研究の前に、予測学としては大先輩の井上赳夫氏の研究を紹介するのがよくわかると思います。

まず井上氏のプロフィールを少し。一九一四年のお生まれなので、二〇〇四年にはもう九〇歳になられます。

一九五六年から科学技術庁科学調査官、科学審議官などを歴任し、そのかたわら電気通信大学で講師も兼務。専門は航空宇宙工学で、そのほか社会、科学、未来など広い分野に渡る予測工学の研究、科学技術評論を展開されています。

井上氏が予測学の研究に手を染めることになったのは、地上のある現象に注目したことがきっかけでした。もしかしてそこには、なんらかの周期があるのではないか。そう閃《ひらめ》いたのです。それを追究していった結果、その周期の源泉は、地上にではなく、地球を取り巻く宇宙にあることがわかったのです。その宇宙からの風が地球に達したときに、じっさいにジェット気流という空気の流れにも影響をおよぼすのでした。それは、非常に大きな発見でした。

## 飛行機事故は続けて起きる

ある現象とは何か。それは飛行機事故でした。

いちど飛行機事故が起きると、続いてまた起きることがよくあると感じたことはないでしょうか。「飛行機事故は続く」というのは、きっと誰しも感じていることだと思います。でも、事故直後だけ、たんにいやな偶然として不吉に思うだけで、私たちはそのうち忘れてしまいます。そこに、待てよと首をひねって、その偶然を研究対象にして追究したのが、井上氏の研究のはじまりでした。

飛行機事故は続くという印象を強烈にアピールしたのは、なんといっても一九六六年に日本で連続して起きた事故でしょう。

まず、二月四日午後七時過ぎ。全日空のボーイング七二七型機が羽田空港着陸直前に羽田沖で墜落。乗客乗員一三三人の全員が死亡。操縦ミスが原因とされましたが、前年に同型機の事故が多発していて謎が残ります。

次は、三月四日午後八時一五分、カナダ太平洋航空ダグラスDC—8が羽田空港に着陸しようとして失敗。防潮堤《ぼうちょうてい》に激突し、乗客乗員七二名のうち、死亡者五九名。

その翌日の五日午後二時一〇分、ロンドン行きのBOAC機ボーイング七〇七が、羽田空港を離陸後、富士山上空で空中分解し、一合目に落下。乗客乗員一二四名の全員が死亡。そこで井上氏は、三月五日前後に注目することになったのです。その後、何年かに渡って見守っていると、その日になると世界各地で頻繁に飛行機事故が起きるではありませんか。そこから、あらためて過去にさかのぼって調べてみると、やはり三月五日前後に事故が多発していることがわかったのです。

一九七四年に、ロンドン行きのトルコ航空DC―10が、パリのオルリ空港を飛び立って間もなく墜落し、三四六人もの史上最多数の死者を出した事故も三月三日でした。また、一九七六年の三月五日には、アルメニアでアエロフロート機が墜落し、一二〇名の死者を出しています。

さらに、このような特定の日の集中がほかにもないかと探ってみると、パリの航空ショーでのコンコルドの墜落（一九七三年）や、一三〇名の死者を出したエールフランスのボーイング七〇七の離陸事故（一九六二年）をはじめとした、六月三日周辺も浮かんできたのでした。

## 事故が多発する特異日がある

そこで、航空機事故がどういう日付に起きたかについて、記録に残っている事故の統計をとってみると、やはり事故が特別集中する日付が浮かび上がってきたのです。

**一年のうち、その日にかぎって事故が多発する日を、気象の異常日にならって、井上氏は「特異日」と名づけました。三月五日、六月三日をはじめ、特異日は一年に合計一六日あること**

| 特異日 | | 特異日圏 |
|---|---|---|
| ① | 2月11日 | 2月7～2月15日 |
| ② | 3月5日 | 3月1日～3月9日 |
| ③ | 3月28日 | 3月24日～4月1日 |
| ④ | 4月20日 | 4月16日～4月24日 |
| ⑤ | 5月13日 | 5月9日～5月17日 |
| ⑥ | 6月5日 | 6月1日～6月9日 |
| ⑦ | 6月28日 | 6月24日～7月2日 |
| ⑧ | 7月21日 | 7月17日～7月25日 |
| ⑨ | 8月13日 | 8月9日～8月17日 |
| ⑩ | 9月5日 | 9月1日～9月9日 |
| ⑪ | 9月28日 | 9月24日～10月2日 |
| ⑫ | 10月21日 | 10月17日～10月25日 |
| ⑬ | 11月13日 | 11月9日～11月17日 |
| ⑭ | 12月6日 | 12月2日～12月10日 |
| ⑮ | 12月29日 | 12月25日～1月2日 |
| ⑯ | 1月19日 | 1月15日～1月23日 |

井上氏が発見した「特異日」と「特異日圏」
（出典『「偶然」の真相』井上赳夫著、青春出版社、1996年発行）

がわかりました（表）。

また、この特異日の前後四日、特異日を入れて合計九日を「特異日圏」として警戒を促しました。

特異日圏内の日数は、一六×九で合計一四四日。一年を三六六日として、この特異日圏内の日数一四四日と、圏外の日数二二二日の比率は三九対六一。これが基準になります。

一九四四年から一九九六年五月までの航空機事故の総数は八五一件。これを三六六日で平均値を出すと、一日に約二・三件の事故が発生していることになります。

八五一件のうち、特異日圏内に発生し

た件数は三六三件。圏外に発生した件数は四八八件。この圏内と圏外の比率は約四三対五七で、三九対六一よりは多くなります。でも、この程度ではさほどの驚きはありません。

ところが、一日の事故数が増えるにしたがって、どんどん特異日圏内に集中してくるのです。一日に五件以上の多発日は、「特異日圏内九三件」対「圏外七三件」で、全事故の五六%が圏内で発生し、六件以上は「特異日圏内五三件」対「圏外一八件」で七五%、七件以上になると四一件のすべてが、すなわち一〇〇パーセントが特異日圏内に集中しています。つまり、**一日に七件以上の航空機事故は、すべて一年に一四四日の特異日圏内で発生しているということです。**

さて、航空機事故といえば、死者五二〇名という大惨事となった、日航ジャンボ機のあの御巣鷹山墜落事故があります。日付は一九八五年八月一二日。この日もまた、八月一三日の特異日とわずか一日しかズレがないのでした。

## 二三日の周期

さて、この日付の並びを見て、何か気づいたことはありませんか？

そうです。**みな、二三日おきの日付なのです。特定の日付への偏りだけではなく、井上氏は、**

**二三日周期の波を発見したのでした。**

井上氏の発見をまとめるとこうなります。

●航空機事故は特定の日に集中し、多発日になるほど、その集中度は高まる。

●特異日は年間に一六日ある。

●特異日は二三日の周期を持つ。

●特異日は、その前後四日ずつを含む計九日間で「特異日圏」という一定の期間をなす。

この井上氏の功績について私が注目したのは、特異日を発見したということよりも、二三日おきの周期の発見にありました。

## 特異日に集中するのは飛行機事故だけではなかった

井上氏は航空機事故だけではなく、ほかの事故も探ってみました。日付ごとに統計をとったのです。すると、なんと大きな海難事故もまた、この特異日に集中していることが明らかになったのです。

**それだけではありません。さらに大地震、大火災、大列車事故など、天災から人災まで、ほ**

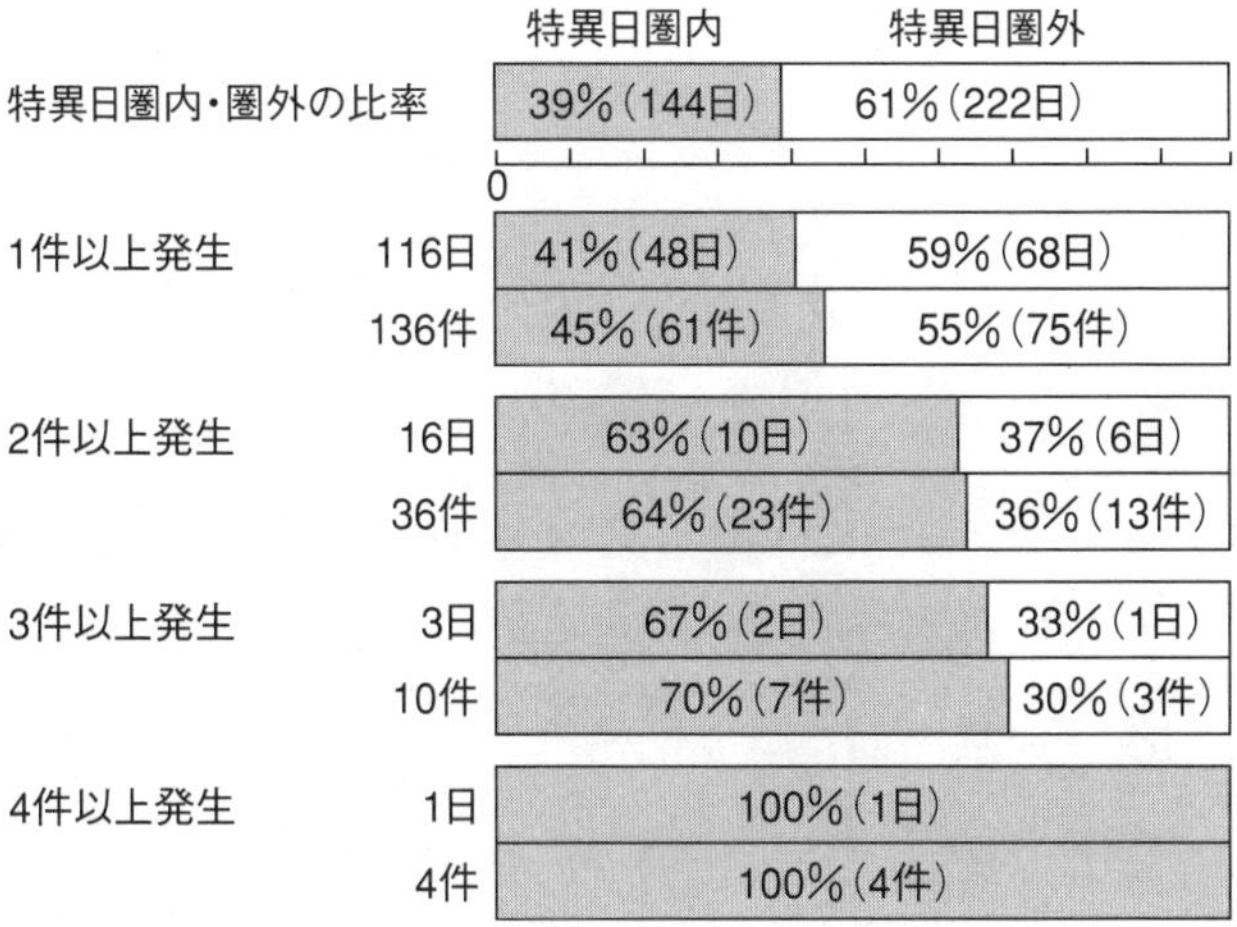


世界大地震の特異日圏内発生率

**とんどの大きな災害がこの特異日圏内に収まることがわかったのです。**

　にわかには信じられないでしょうが、大地震では、阪神大震災の一月一七日、その一年前の同じ一月一七日にロサンゼルス大地震、関東大震災の九月一日などをみても、みな特異日圏内に起きています。しかし、特異日圏は一年に一四四日もあるわけですから、まあこれだけでは偶然だと思っても仕方ありません。

　そこでまた統計です。井上氏は、海難事故、大列車事故、大火災などについて、過去からのデータを発生日の日付ごとに振り分けて、特異日圏内の集中を明らかにしてみせたのです。それらの全部を紹介したいところですが、紙数に限りもあるので、ここでは大地震についてだけ、その統計を紹介しましょう。

一九〇一年から九五年の間に発生したマグニチュード七・〇以上の地震について統計をとると、やはり多発日の件数が多くなるほど特異日圏内に集中するのがわかりました。航空機事故とまったく同じ傾向になるのです。

総数は一三六件。前ページの表を見てもおわかりのように、二件以上発生したのは、「特異日圏内六四パーセント」対「圏外三六パーセント」、三件以上発生したのは、「特異日圏内七〇パーセント」対「圏外三〇パーセント」、四件以上ともなると、発生した日は特異日圏内で一日しかなく、特異日圏内の発生率は一〇〇パーセントになります。

## なぜ特異日圏内に集中するのか?

さて、問題はどうしてこれらの大災害が一定の日に集中して起きるのかということです。井上氏は、大災害が特異日圏内に集中し、そこにはまた周期性があるという事実を提示しただけではなく、その原因についても探っています。

これもまた地球を取り巻く宇宙からの風だといいましたが、それでは、どうしてそれが宇宙からの風なのでしょう。どうして地球だけの問題ではなく、宇宙まで巻き込まなければならないのか。

しかも、地震については純粋に自然のなせるわざだとしても、他の災害は人災の側面もあるので、同じレベルでは論じられないというのが常識でしょう。

つまり、たとえば航空機事故は、乱気流などに巻き込まれた自然の災害だということもあるでしょうが、操縦ミスやメンテナンスのミスも多分にあります。列車事故は、暑さでレールが曲がったり、地震や洪水や山崩れで線路に異常が発生したほかは、まず人災です。火災は、強風が被害を大きくしたり、雷が原因ということもありますが、これもまず人間の不注意が招く人災のほうがほとんどを占めるでしょう。

**ところが、井上氏は、宇宙からの風というのは、この人間の精神に影響して不注意を招く風でもあるのだというのです！**　その問題は後に回すこととして、まず航空機事故のメカニズムから考えましょう。それが井上氏に宇宙からの風を考えさせるきっかけになり、事故のメカニズムを解く井上理論の基本でもあるからです。

## ジェット気流の変化

じつは、前にすでに答えを出しています。そうです。宇宙からの颪は、ジェット気流という地球上の颪にも影響をおよぼすといいました。それがどのようにして飛行機を襲う魔手となったのか。

航空機事故のなかでもさらに、富士山上空のBOAC機の事故が井上理論の典型となります。BOAC機は、富士山上空高度五八〇〇メートルで突如空中分解するという、とても異常な事態です。同じ事故でも、空中分解など、飛行機の信頼の根幹にかかわる、それだけは絶対にあってはならないと誰もが思う最悪のシナリオです。

事故調査団によると、原因は乱気流に巻き込まれたためということでした。メンテナンスの不備や操縦ミス、爆発物のせいでもなく、ただただ乱気流だけに原因が求められたのです。乱気流ごときで飛行機が空中分解などしてもらってはたまりません。しかし、乱気流が原因であることは確かでした。

さすがに通常の乱気流は、ボーイング七〇七機を空中分解させるほどのエネルギーは持っていません。ということは、乱気流に破壊的な力を注いだエネルギーがどこからかもたらされたということになります。

そこで考えられるのはジェット気流です。ちょうど富士山上空から太平洋にかけて高速のジェット気流が存在します。アメリカ行きの飛行機は、このジェット気流に乗ることで大いに時間が短縮されているのです。しかし、ジェット気流は高度一万メートルを流れるもので、高度五八〇〇メートルで空中分解したＢＯＡＣ機には影響していません。

**東京―ハワイ間でも、離陸して間もなくすると、機体がドシンと衝撃を受けてヒヤリとさせられるポイントがあります。井上氏はそれがヒントになると考えました。**ハワイへの途上での衝撃ポイントには、ちょうど二千メートル級の「海山」が連なっています。それが重力異常を招き、上空のジェット気流の流れを乱すことで飛行機へ衝撃をおよぼすのだというのです。ここでいう重力異常というのは、地球の平均重力に比べて、いくらか大きかったり小さかったりということです。

富士山はフォッサマグナ上に位置し、このライン上もまた重力異常が認められているところから、井上氏は重力異常がジェット気流に影響したのだろうと推理します。しかし、ＢＯＡＣ機の分解は高度五八〇〇メートルで、ジェット気流には乗っていなかったのではないか。たしかに、そのとおりです。

だとすると、どう考えればいいのでしょう。ただ、太平洋上で飛行機は衝撃を受けるだけで分解はせず、富士山上空で空中分解したという事実から考えられるのは、ジェット気流と乱気流の奔流の板挟みになったのではないかということです。

## ジェット気流を変化させ地震をもたらす力は何か

井上氏がジェット気流について調べると、気流が高速化する日があることがわかりました。それは、**一年に七日。なんと、そのうち六日が特異日と重なり、残りの一日も特異日と一日ずれているだけでした。**三月五日も六日のなかの一日です。これで、何らかのかたちで事故にジェット気流が絡んでいることは疑いがなくなりました。

とはいえ、仮にジェット気流の乱れが地上の重力異常にあるとしても、「ジェット気流の速度を変化させているものは何か」ということと、「特異日と一致して、どうしてジェット気流は異変を起こすのか」という疑問がまだ残ります。

重力異常による気流の乱れというのは、気流を川にたとえれば、地形からくる早瀬のようなものでこれは一年を通していつもそこだけ急流になるポイントです。でも、川の流れ自体が速くなるということは、上流で雨が降ったりして水嵩《みずかさ》が増すということです。つまり、ジェット気流という川の流れを速くする上流の力とは何かということになります。これがわかれば、特異日の謎もわかるでしょう。

そのメカニズムを探るのには、他の災害、とくに純粋に自然災害である地震が手掛かりになりました。

それは、たんにジェット気流に影響を与えるだけではなく、地震を引き起こすメカニズムとも共通する力でなければなりません。ジェット気流の乱れと地震の発生をもたらす力とは何か。その共通項は何か、です。

地震は地殻変化によってもたらされます。そのメカニズムとして真っ先にあげられるのは、プレートテクトニクス理論です。これはマントル対流によって、その上に乗っかっている地殻が移動し、地殻どうしの衝突や、一方が一方の下に潜り込むことによって地殻が跳ね返って起きるというもの。しかし、これはジェット気流への影響は考えられません。

## 共通項は「歳差偶力」だった

ほかに地殻をひずませる力はないでしょうか。**ひとつには、自転による遠心力。**さらに、内部からではなく、外部から地球をひずませる力があります。**それは、太陽や月の引力です。この三つの力が複合して働く力を「歳《さい》差《さ》偶《ぐう》力《りょく》」といいます。**歳差偶力というのは、もう少し詳しくいうと、「太陽や月などの他の天体と地球との位置関係によって変化する、地球の地軸を動かそうとする力」のことです。

結論を先にいえば、この歳差偶力こそが地震のみならず、ジェット気流に変化をもたらす共通項だったのです。地球にかかる引力としては一番大きい太陽と月、および地球との配置から生まれる地球への力が、特異日という災害を発生させる波をもたらす発振源なのでした。

やはり、宇宙からの風だったのです。

**私は、二三日周期の特異日だけではなく、太陽と月と地球との関係によって、多くの波のバリエーションがもたらされるものだと考えています。**太陽には、引力のほかにも、太陽自身の活動による磁気やプラズマ（太陽風）などの放出もあります。さらには、自転や黒点などの活動リズムもあります。それらと地球、ときには月も交えた相互作用によって、様々なリズムが生まれるのです。

**二八日周期の波、細かくいえば七日ごとの波、つまり幸運や不運の波の発振源も、基本的にこの太陽と月と地球との相互作用によるものです。**

## 歳差偶力のメカニズム

様々なリズムを生みだす発振源のなかでも、基本は、太陽と月と地球との配置によってもたらされるこの歳差偶力です。これを少し説明しておかなければなりません。いささか面倒な話になりますが、お付きあいください。読みとばしてもかまいませんが、一見面倒そうでも、さほど難しくはないので、地球に働く大きな波のメカニズムを知るために、基本は押さえておいたほうがいいでしょう。

太陽と月と地球の三角関係を頭に思い浮かべるのは、宇宙からの波をうまく乗りこなすためのチャートを実感するうえで大いに役に立ちます。意識を広げるためにも、太陽と月と地球の配置図を想像するのがいいでしょう。

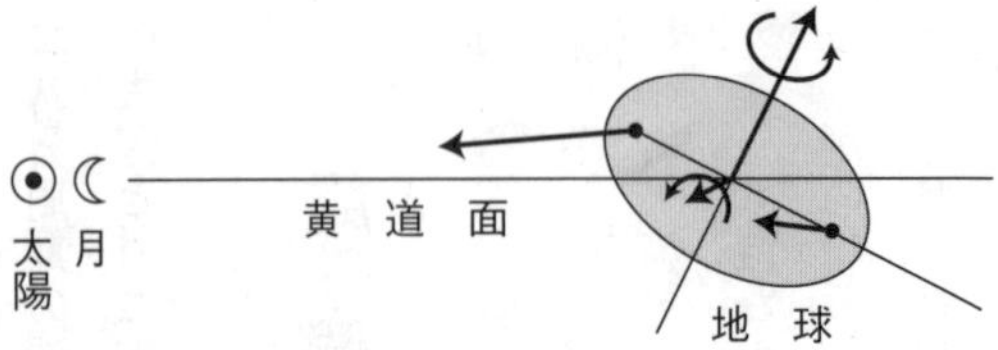


傾いている地軸を起こそうとする力が働く
（出典『教養のための天文学講義』米山忠興著、丸善株式会社）

地球は太陽に対して傾斜して自転しています。それによって四季がもたらされることは小学校で習いました。正確にいうと、傾斜というのは、黄道《こうどう》（太陽のまわりを公転している軌道面）に対しての地軸の傾きで、これは約二三・五度です。

地球は、その自転によって赤道面がわずかに膨らんでいます。地軸が黄道面に対して垂直なら、遠心力が働いている方向と、太陽が地球を引っ張る力の方向は同じになるので、地球にかかる力は安定しています。けれども、地軸が傾いているために、遠心力と太陽の引力の二つの力を合わせた方向に引っ張られるかたちになります。そこで地球は、それを調整して安定しようとします。この地軸を真っすぐに立てようとする力を歳差偶力というのです。

この地軸の調整作用のほかにも、**地球はゴムマリのように変形して、太陽と月の引力に対応しようとします。つまり、これらの地球の変化が地震の引き金になると考えられるのです。**

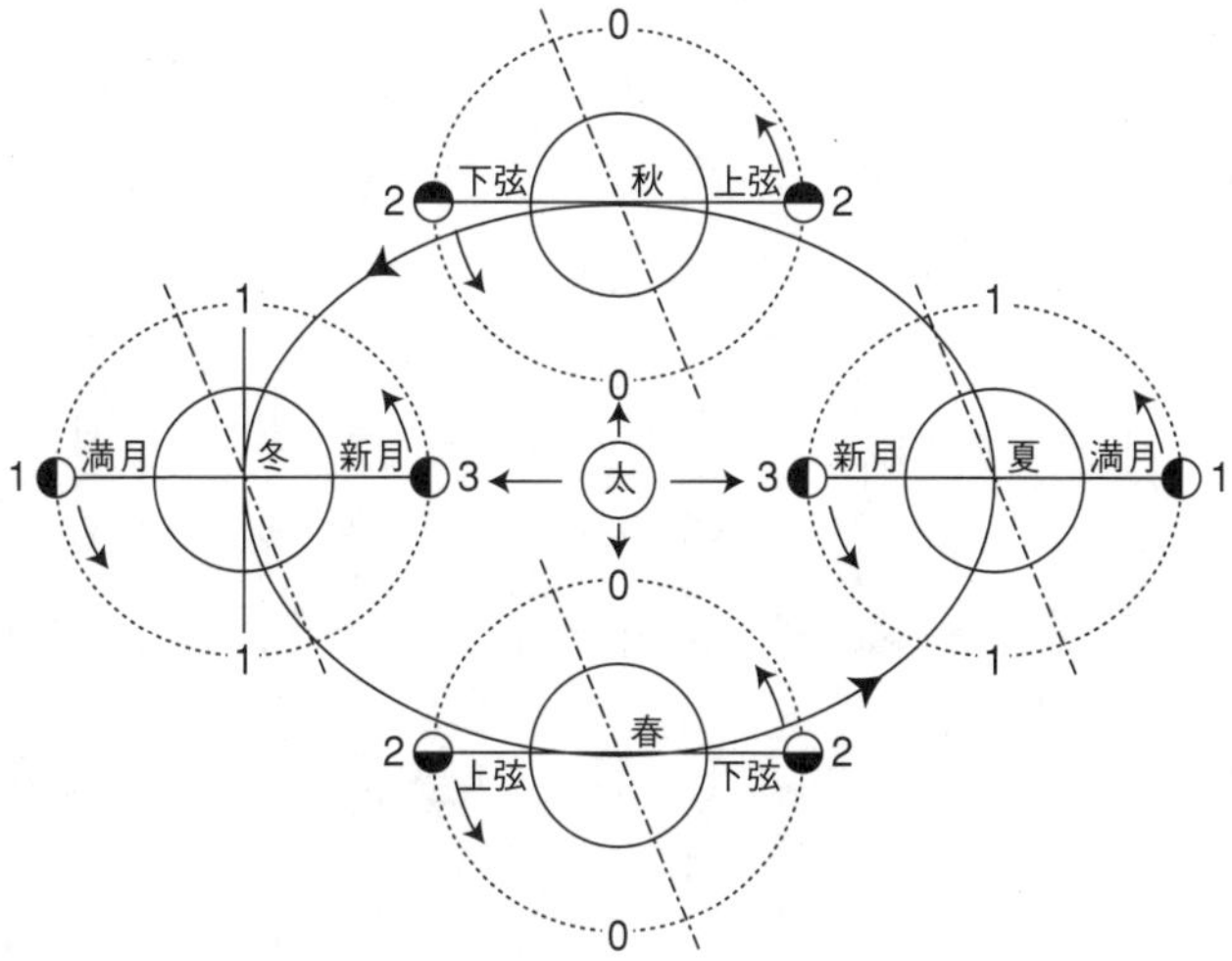


季節による歳差偶力の変化
（出典『「偶然」の真相』）

## 太陽と月のせめぎ合い

地球にかかる歳差偶力は、太陽と月がどこにあるかによって二つの力が加算されたり、打ち消しあったりしてバリエーションが生まれます。太陽がどこにあるかということは、太陽のまわりを回っている地球がどこにあるかということで、もっとわかりやすくいうと、一年のなかで四季のどこにあるかということです。

月に関していえば、地球のまわりのどこにあるか。これもわかりやすくいえば、新月や半月、満月などの何夜に当たるのかということです。それを前ページの図を参考にして理解しましょう。

地球に作用する引力の大きさは、太陽と月では月のほうが大きく、太陽を1とすると月はほぼ2。

太陽や月から影響を受けるのは、それらに対して地軸が傾いているときに限ります。

春と秋を見てみましょう。太陽に対しては地軸は傾いていないので、太陽からの力は受けません。だから、歳差偶力はゼロ。それでは月はどうでしょう。新月と満月は、太陽と月と地球が一直線に並びます。ということは、新月と満月に限れば、月に対しても地軸は傾いていないことになります。つまり、月の影響は受けないので、月による歳差偶力もまたゼロ。太陽と月の力が合わさった歳差偶力は、ゼロとゼロで合計ゼロ。

あとは、太陽（1）と月（2）の単純な足し算と引き算になります。同じく春と秋でも、上弦の半月と下弦の半月になると、ストレートに（2）の力がかかることになります。

夏と冬は太陽に対して地軸が傾いています。そこで太陽に関しては（1）の力がかかります。そこに月の力を加えたのが合計の歳差偶力になるわけですが、数値は新月のときと満月のときとで違います。新月の場合は、太陽の力に月の力（2）が加わっていっしょに引っ張るかたちになるので、歳差偶力は合計（3）。満月の場合は、月と太陽が拮抗して（2）マイナス（1）

になって歳差偶力は合計（1）になります。この季節の半月に対しては地軸は傾いていないので、月の力はゼロで、太陽の歳差偶力の（1）だけです。

**このように、地球に降りかかる力は、夏と冬の新月のときに最大になることがわかりました。**

もちろん、太陽と月の力を合わせた歳差偶力には、1か2か3のデジタルな力しか働かないのではありません。テレビのかつての手回しチャンネルのように、ガチャン、ガチャンと、1か2か3のスイッチしかないのではなく、地球が太陽を回る一年三六五日と、月が地球を回る約二九・五日の二重奏のなかでは、1から3までの間で、小数点がいくつもつくような微妙な力がかかる配置があります。

## 航空機事故のメカニズムとは

さて、みなさんの関心は、この歳差偶力の変化の周期と、特異日の二三日の周期は一致するのかどうかということだと思います。でも、残念ながらこの二つに一致は見られなかったのです。歳差偶力の変化は、単純な二三日周期より、はるかに複雑な波を描いていたのでした。

ただし、大地震の発生件数の変化と歳差偶力の変化を、月齢ごとにグラフ化してみると、相関関係があることがわかったのです。発生件数もまた、予測どおり新月に多く、満月に低いこともわかりました。

そこで井上氏は、二三日周期というのは、異なる振幅と周波数を持ついくつかの現象の波が重なることによって、別の複合波が出てきたのではないかと推理しました。太陽の赤道と極の自転運動の周期の違いから、その〝うなり〟として二三日が導き出される仮説は立てられていましたが、これについてはまだ仮説の域を出ません。

二三日周期のメカニズムは明確な解明までにはいたらないまでも、航空機事故や大地震を引き起こすメカニズムは、結局、次のように説明されています。

「太陽や月が地球に影響を与える力、すなわち歳差偶力や朝汐力《ちょうせき》が地殻やその内部に影響を与えるとともに、大気層にもひずみを与える。地球を取り巻く大気の動きに大きな乱れが生じ、その結果、ジェット気流が乱れたり、突然高速化する。場合によっては、流れの方向も大きく変化することになる。

それは、ゼロの状態から大事故や大災害を引き起こすのではなく、それまでに条件が蓄積されていた状態のところへ、決定的な引き金を引くのである。それは人的な要素であることもある」

地震については受け入れやすい説でしょう。もともとひび割れていたところに衝撃が与えられると、一気に崩れます。

それでは火災についてはどうでしょう。被害が大きい火事は、よく「おりからの強風で」といわれます。火をつけたのが人間だとしても、それをあおって被害を大きくする風は、宇宙の仕業だったということです。だいたい、火事は年がら年中起きています。それを風があおったときに大火災となるというわけです。関東大震災の犠牲者があれだけ多かったのは、大火災の被害によるのでした。地殻への打撃のみならず、同時に宇宙からフイゴの風が送られていたということです。

**だから、特異日は大災害が起きる日と予測するものではなく、「他の日に比べて大災害になりやすい」と予測される日だというのです。**

## 心を不安定にする「錯誤圏」

さらにまた井上氏は、驚くべきことに宇宙からの風は、人間の不注意をも引き起こすというのです。地震はともかく、大災害のきっかけは人為的なミスによるのがほとんどです。つまり、火を出すのは人間の不注意で、それをあおる自然の条件が特異日だったはずですが、さらに宇宙からの風は、人間にその火をもつけさせるということです。

**たとえば、日頃私たちは、なんとなく落ち着かない、動悸がする、頭がぼーっとして冴えないという気分の変化があります。これは、ある気温と湿度の一定の変化のなかで誘発されやすいことがわかっているそうです。**

植物には、気温と湿度の変化に呼応した劇的な変化があります。秋に、木から枯れ葉が舞い落ちるのと、春の発芽です。

**これは大気中の水蒸気圧に関係しているといいます。気温と湿度の関係で決まるのが水蒸気圧です。**これは蒸発して空気中に漂っている水の圧力値で、ミリ水銀柱（Hg）で示されます。水蒸気の圧力が六ミリ水銀柱（約八ヘクトパスカル）と七ミリ水銀柱以下になったときに、葉への水分供給が止まって紅葉から枯れ葉、落葉へと向かいます。発芽もまた、この水蒸気圧になったときに見られるそうです。

この環境条件が人体にも影響するわけです。水蒸気圧力が六〜七ミリ水銀柱の間に急変すると、体から蒸発する汗の量が変化して、脳活動が低下します。その結果、心理的に不安定になるばかりか、毛細血管への影響で、循環器系や脳の発病を促す可能性があるのです。脳卒中、心臓病、肺炎などが、その水蒸気圧の域に急変したとき、現実に多くの発病や死亡につながっているというデータがあります。

じっさい、空調設備のなかった時代には、航空、船舶、鉄道などの事故で、人為的ミスによるものとされたもののおよそ八割が、水蒸気圧六〜七ミリ水銀柱の間で起こっていたのでした。**井上氏は、このような人間にダメージを与える条件を生みやすい気象学的な時期を「錯誤圏」と呼んでいます。**「錯誤圏」は、六〜七ミリ水銀柱帯のほか、二〇ミリ水銀柱を超える域にもあります。これは高温時であって、高温高湿のいわゆる不快指数が高い状態はこの域に入ります。

さて、「錯誤圏」は一年の中のいつ頃に当たるのかというと、「木の芽時」（四月九日を中心とした数日）、「紅葉の時」（一一月九日を中心とする数日）、「高温多湿になりやすい七月」になります。

さすがにこれは、二三日周期でもたらされるのではないようです。とはいえ、「特異日」のジェット気流などの急激な変化が、地上での気圧の変化をもたらし、水蒸気圧を急変させて、「錯誤圏」がもたらされる可能性が高いと井上氏は指摘しています。脳卒中や心臓病は、血管が収縮する冬を重点的に注意していればいい、というわけでもなかったようです。

## まず宇宙と人間に備わるリズムの存在を知ること

以上、井上氏の「特異日」説をざっと紹介してきました。

太陽と月の歳差偶力から、最後には心に影響をおよぼすという「錯誤圏」までお話ししました。私は井上氏の研究を尊重し、大いに敬意を払うものです。けれども、この二三日周期説の宣伝マンになろうというのではありません。

**私が皆さんに知っていただきたいのは、「宇宙には活動周期がある」ということと「宇宙と地球、宇宙と人間はつながっている」ということです。**だとすれば、当然「地球の自然や人間の活動には、宇宙と同期するなんらかの周期がある」ことになります。それは、富士山の上だけだとか、誰かの頭だけに降り注ぐ雨ではなく、地球全体、生物全体、人間全体に一律に降り注ぐ雨なのです。

航空機事故を最初の手掛かりに、それをスリリングに分析してくれたのが井上氏の研究でした。まず、人間は宇宙の影響下にあるという事実を知らなければ、宇宙のリズム（コスモリズム）にのっとったせっかくのチャート（カレンダー）を手にしても心身になじみません。

とにかく、**井上氏の功労は、あらゆる災害が特定の日付に集中するという、日付と災害の関連を見出したことです。**それは事実です。それが宇宙からもたらされるという考えについても、私は共感します。

ただし、井上氏の周期説で注意しなければならないのは、歳差偶力が波の発振源だというのは仮説にすぎないということです。それが二三日周期のビートを打っているという証明はなされていません。

二三日周期説は、私の七日ごとの調息日説（二八日周期説）に合わせると、四分の二三日の約六日を一週間にして、六日ごとに休めという話になるのかもしれませんが、当然ながら六日と七日では同期しません。

**地球に生じる波を見出したのは井上氏も私も同じです。しかし、井上氏の説は地軸から人の心までのすべてを揺るがす大波を見出そうとしているのに対し、私が見出そうとするのは、あくまで人間の活動だけに的を絞った波です。案外、同じ山を別の角度で眺めたり、違う標高で切り取っているだけの話なのかもしれません。**

じつは、私が見出した波は、二八日周期だけではありません。それは人間の活動のある一部にかかわる波であって、ほかの活動にかかわる波も別にあったのです。それでも、やはり二八日周期の波が人間に一番基本で、休息するべき波だとみなしています。

## 月は〝憑くもの〟

月の語源は〝ツク〟だといいます。ツクヨミ（月読・月夜見）といえば月の雅語《がご》です。一言でツクといっても、付く、着く、就く、突く、点く、漬く、憑くなどの多くの漢字が当てられます。いずれにしろ、他から移ってきたものが、あるものに位置を占めて影響を与えるという意味があるようです。子どもの頃、いくら逃れようとしても、月は必ず追いかけてきてついて回ると感じたことはありませんか。そんなところから来ているのかもしれません。

最後の憑くという字を見て、なるほどと思った人もいるでしょう。英語でルナティック（lunatic）といえば、狂ったという意味。ルナティックは、ルナー（lunar）からきています。ルナーとは月のこと。それが形容詞になると「狂気の」「精神異常の」という意味になります。名詞はルナシー。そういう名前のバンドもありましたね。

**西洋では狼男が変身するのは満月です。満月には魔女も踊るといいます。月は人に取り憑いて心を支配するものでもあったということです。**ときには狂気にも駆り立てる。

運も、「ついている」とか「ついていない」といいます。運にもツキが大いに関係がある。というより、辞書を見ると、「付き」という言葉の意味として、「運のこと」とあり、用例として「付きが回る」を「運がよくなること」とありました。

「ツキ＝運」のわけです。月を味方にすれば運もよくなるのかもしれません。

「そういえば運のつきという言葉もありましたね！」

え？　それは違います。「運のつき」というのは、「運の尽き」であって、もはや運も底をついたという意味。ツキとは無関係。この「尽き」は「尽きる」の名詞的な使い方です。

さて、このような言葉の周辺を当たってみると、やはりどうも運と月とは関係があり、月を味方にすれば運もよくなるというような考えがあったことが見えてきます。月を味方にすれば運もよくなる。私もその考えに賛成です。それでは月をどうやって味方にするのか。そのリズムに逆らわない生活をすればいいのです。運のブランコに乗るときは、月に背中を押してもらうのです。

蛇足ですが、ルナーの頭の〝ｌｕ〟のつく英語を辞書で調べると面白いことがわかります。ルミナリーは太陽や月などの発光体。ルミネッセンスは冷光。ルミナスは輝く、明るい。ラスター（luster）が光沢、輝き。ルシファーは金星。

ということで、光に関係があるのかなとわかります。ほかにも、狼はふつうwolfといいますが、ルパイン（lupine）ともいいますし、面白いのは運のことをluckということです。ラッキーといえば幸運ですね。ルアー（lure）といえば疑似餌《ぎじえ》で通っていますが、動詞としては「誘い込む」という意味があります。私たちを日常から異世界へと何かと誘い込むのが、冷たく妖しい光を放つお月さまなのです。

## 月と死

月の話をしだすと、あちこちに脱線しそうです。ここではなるべく人間の生理的リズムを誘いだす、月のリズムについての話を中心にすることにするつもりですが、あちこちに話が飛べば、それもまた月の誘い込みということでお許しください。

**月と人間の生理の関連を示した文献として有名なのが、一九三九年一二月の読売新聞に載った、作家・広津和郎氏の次の文章です。これは、人の死亡時刻と潮の干潮との関係について述べたものです。**

**「私は母の死ぬ二、三日前から、母の呼吸が干潮時に変化し、その時刻が過ぎると、再び平静**

**に戻る現象を発見し始めた。つまり一分間に二四・五ずつの呼吸がその干潮時になると三一・二までくるのである。そしてそれが過ぎるとまた二四・五に戻ってしまうのである」**

結局、広津氏の母は干潮の四分後に息を引きとりました。引き潮のときに息を引きとるというのは、昔から言い伝えられているもので、広津氏は自分の母の死を通して、それが本当だったと驚いたのです。

## A・L・リーバーの「バイオタイド」理論

月の不思議な力に関心のある人は、A・L・リーバーの『月の魔力』(東京書籍)はとっくにご存じでしょう。まず一九八四年に翻訳出版されたこの本について、少々紹介しなければなりません。

原書のタイトルは、『The Lunar Effect――Biological Tides and Human Emotions――』。『月の影響力――生物学的潮汐と人間の感情』とでも訳すのでしょうか。バイオロジカル・タイド、略して〝バイオタイド〟という概念で月の魔力を説いてみせました。それでは、バイオタイドとは何か？　本の袖に次のような紹介文が書かれています。

「満月の夜は殺人・交通事故が激増する!?　マイアミの精神科医である著者は、この噂に興味をもち、研究を続けていくうちに、次々と新事実に遭遇し、ついに月と人間の行動・感情には明らかな関係があることをつきとめた……!

**月はその引力により、満潮・干潮を引き起こす。人間の体内水分は80%。生体にも潮汐作用が起きているのではないか。この『生物学的な潮汐』こそ、人間の行動と感情の鍵であり、このリズムを通じて生命体は宇宙と結びついている**——という壮大なバイオタイド理論を展開して……」

また、訳者の藤原正彦氏は、あとがきでこのバイオタイド理論をこう説明しています。ちなみに、藤原正彦氏は数学者で、作家の故・新田次郎氏のご子息です。

「生体は、海の潮汐のように、天体と共鳴してリズムを作っている、生体は宇宙と一体化している、という考えにもとづく新理論」

また藤原氏は、新しい理論を展開するために科学者としての多少のはったりはあるものの、「地球上のありとあらゆる生物に、宇宙とりわけ月の影響がみられるという主張が、鮮やかな筆致で描かれている」と評価しています。

たしかにいささか強引な理屈があったり、納得のいく説明が完璧になされているわけでもないので、このバイオタイド理論は、必ずしも全面的に賛成できるものではありませんが、それでもなかなか刺激的な内容で、月の神秘的な力に科学的なアプローチを試みた最初の報告として、欠かせない文献になっています。

本の紹介文だけだと、まるで雑巾をひねるように汗を絞られたり、脳が月の引力で歪められて血流量をどうにかされるような印象を受けるかもしれません。そこで、「人間の体内水分は一番水分の多い赤ん坊でも八〇パーセントもないし、地球のような大きいものなら海や地殻も動かすんだろうけど、月の引力なんかで人間みたいな小さなものが影響なんか受けるもんか」などと、反発する人もいるでしょう。

少し補足が必要です。ひとつは、人体の水分への影響といっても、頭に血を上らせるとか、胃液を逆流させるというようなものではなく、**細胞レベルの代謝にかかわるものだということ。もうひとつは、バイオタイド理論は、この水分に対する潮汐のほかに、地球の電磁場を媒介とする月の間接的影響も考えられていることです。**

地球はその磁場によって、太陽からやってくる磁気やプラズマ流（太陽風）をガードしています。月は、その電磁場のせめぎ合いのなかで、地球のまわりを公転することで、そのバランスを乱しています。それが地球の電磁的環境に変化を生じさせて、人体にも影響を与えるというのです。この電磁気的な説明のほうが、潮汐の力学より、まだ仮説としては納得がいきます。

私としては、どうせ仮説をたてるなら、同じ引力作用でも、むしろ引力の変化をキャッチして、それが信号となって人体の活動が左右されるとしたほうがわかりやすいと思います。さすがにリーバーは、その可能性についても触れています。問題はそれをキャッチする感覚器があるかどうかということですが、リーバーはそれを松果体《しょうかたい》に求めています。それも仮説に過ぎないのではありますが。

## 満月は殺人を呼ぶ

リーバーが月の力に関心を持ったきっかけは、暴力との関係においてでした。**精神科病棟に勤務していた頃、患者たちの行動が乱れることが周期的に繰り返されるのです。病棟のスタッフは、「満月になるとそんな状態になる」**といいました。

満月にはまた、変わった患者が救急室にやってくるということです。なにしろ精神科病棟です。満月と狂気というのは、伝説どおりではありませんか。そこから、月が人間の暴力行動の一因を担っているのではないかとの仮説が生まれ、それを検証する研究がスタートしたのです。

リーバーはまず、殺人事件を研究対象にしました。そのためには、傷害発生時刻が正確に記録されていなければなりません。調べたいのは死亡時刻ではなく、暴力的感情の高まりがいつ起きたかです。幸い、地元のフロリダ州デイド郡には、正確な傷害時刻が記されていたので、このデータを統計処理することにしました。リーバーの興奮をそのまま引用しましょう。

**「結果は驚くべきものだった！　デイド郡の殺人事件のグラフは、月齢とじつにはっきりした相関があった。なんと、満月時に、殺人事件数はピークを示したのである。新月までの間に谷が現れ、新月直後にも第二のピークがあった」**

さらに、別の地域を調べてみようと、オハイオ州のチュヤホガ郡の記録を分析すると、やはりグラフはデイド郡と同じパターンになりました。ただし、ピークが満月や新月より三日ほど遅れていたのです。これは、地理的な隔たりのせいだと思われました。

それを補強したのが、生体リズム研究の先駆者のF・ブラウン博士の研究でした。その研究というのは、ハムスターの代謝活動と月齢との関係を調べるもので、それもまた月齢との相関が見出されていたのです。そのグラフとチュヤホガ郡のグラフを重ねると、ピークが完全に一致しているのでした。ブラウン博士の実験室はイリノイ州エバンストン（北緯四二度）にあり、チュヤホガ郡（北緯四一度三〇分）とは、緯度上では非常に近かったのです。

# 月と誕生

こうなるとなんだか月は、ススキにお団子のお月見の風情はどこへやら、殺伐とした冷光しか浴びせないイメージができあがりそうです。けれども、月はまた誕生にも関係があったのです。死と引き潮の関係とともに、誕生もまた月との関係が言い伝えられています。

月は肉体から魂を引きだして死を招き、肉体から胎児を引きだして誕生を招く。なんとなく月の引力が妊婦の大きなお腹をギュッと絞り出すように考えられますが、じっさいには、月は誕生にどういう関係があるのか。信頼できるデーターがあります。

『月の魔力』を翻訳した藤原正彦氏が、リーバーに刺激されて、なんと独自の調査をしているのです。

出産との関係を見るには、藤原氏はまず自然分娩でなければならないと考えました。出産時刻の正確なデータを集めるには大病院が適当でしょうが、でもそこでは、分娩を管理するために、陣痛促進剤や帝王切開が日常的に行われています。そこで、二軒の助産院から二五三一件の適切なデータを手に入れました。

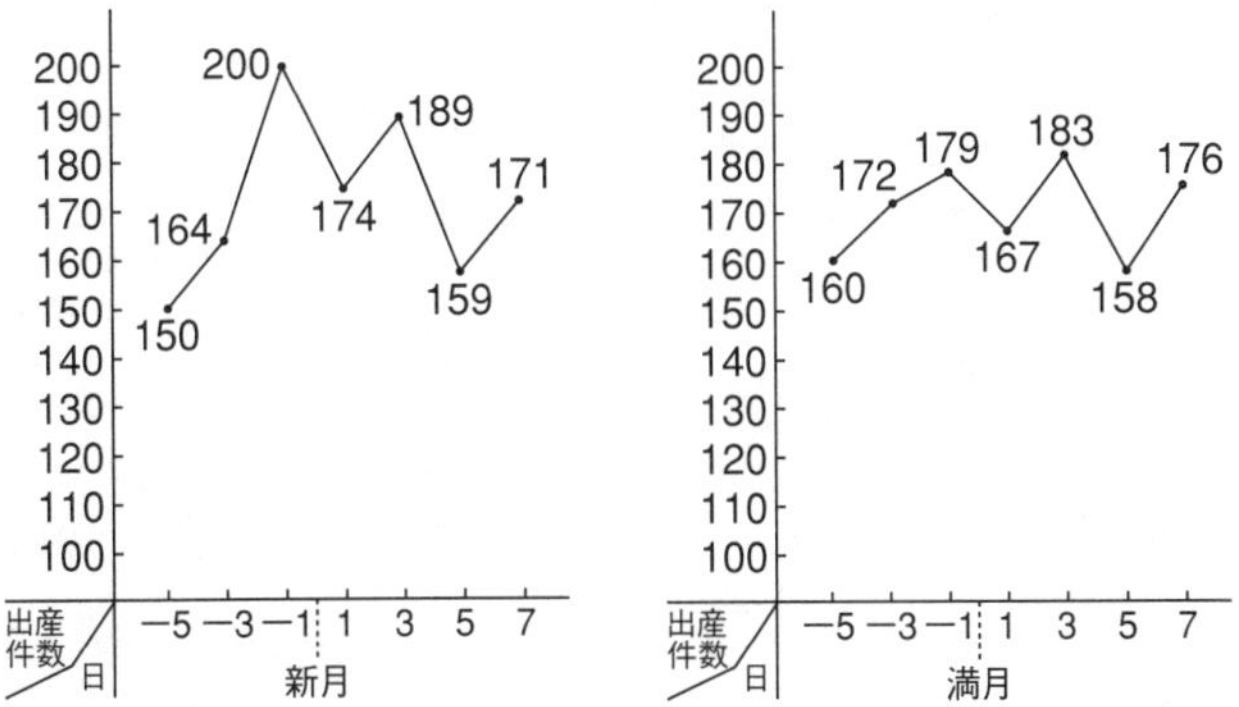


新月・満月と出産件数の関係
（出典『月の魔力』Ａ・Ｌ・リーバー著、東京書籍）

それを月齢ごとに並べ、それぞれの出産が直近の満月・新月から時間的にどれだけ隔たっているかの統計をとりました。それをグラフ化したのが上図です。

上の図は縦軸が出産件数、横軸が日を表しています。たとえば新月のグラフで１８９とあるのは、新月から三日後で、その前後二四時間にあった出産が一八九件だったということです。

二つのグラフは、山と谷がよく似ています。ピークはともにマイナス1とプラス3で、ボトムはともにマイナス5とプラス5です。**これによると、月齢と出産は相関関係にあることがわかります。関係がなければ、グラフはどちらも水平に近くなるはずです。**

注意しなければならないのは、広津和郎氏が見た

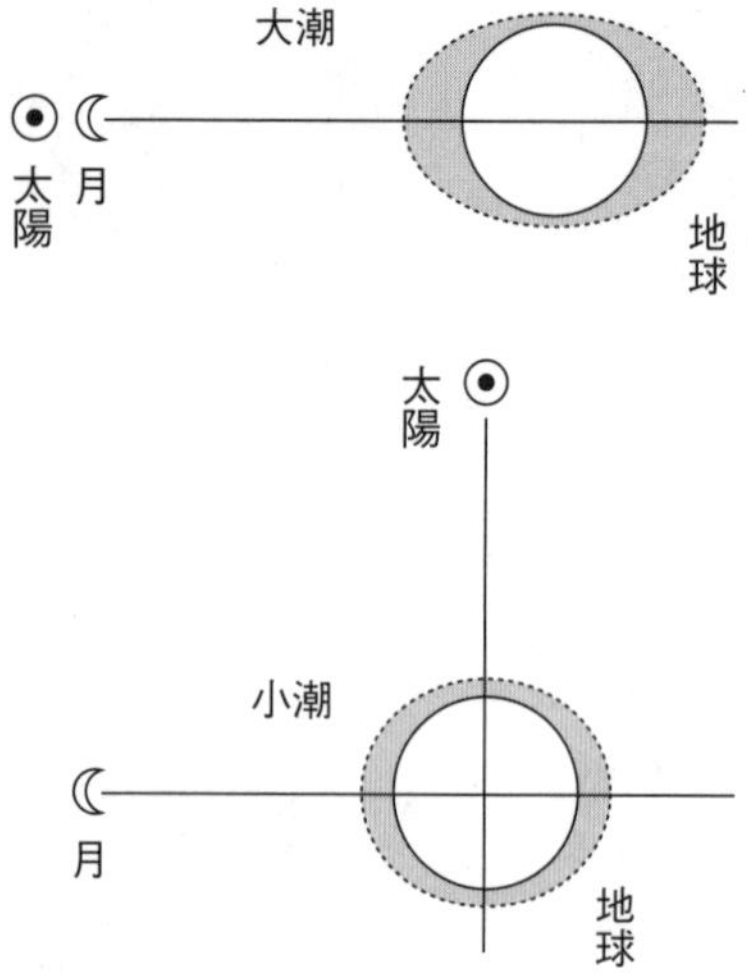


大潮と小潮
（出典『教養のための天文学講義』）

死と引き潮の関係というのは一日に二回の周期であって、藤原氏の報告は、満月・新月という月に二度の周期だということです。月齢とはすなわち、月が地球のまわりのどこにあるかという位置。新月・満月のときには、太陽と地球と月が一直線に並ぶので（上の図参照）、そのときの一日の潮汐はいわゆる〝大潮〟になるのです。

**グラフでわかるのは、新月・満月の当日がピークになるのではなく、新月と満月の出産件数を足せば、ピークはその前日になるということです。**地球にかかる引力が一番強くなるちょうどそのときに赤ちゃんがスポンと出てくる、というようなそう単純な話ではなさそうです。

藤原氏はグラフの見方についていくつか仮説をたてて検証していますが、ここでは月齢と出産はなんらかの関連性がある、ということがわかったということで止めておきましょう。それで十分です。

リーバーと同じく藤原氏もまた、独自の力学的な計算によって、**月のリズムの影響は緯度が高くなるほど現れにくくなり、五〇度あたりから見出せなくなるだろうと予測しています。**つまり、赤道付近では出産に対する月の影響が顕著であり、極に近いほど影響力が失われるということで、リーバーが殺人に顕著な月の影響を認めたのも、北緯二五度という低緯度のフロリダでデータを集めたせいかもしれないと推理しています。追試をするときには、緯度について考慮が必要です。

## 月と交通事故

死と出産、殺人事件が月に関係していることがわかりました。それでは事故はどうでしょう。満月や新月に交通事故が多いという話は聞いたことはありませんか。じつは、それも事実だったのです。それについてはリーバーもデイド郡の統計で確認しているのではありますが、ここではまた違う報告を紹介しようと思います。

狂気が精神科医によって分析されたなら、交通事故は警察官にまかせましょう。どうせなら日本人の研究者に。月の魔力に魅せられてグラフ作りに励んだのは、藤原氏のほかにもいたのです。

研究者の名は、その名も黒木月光。月の研究者だからそういうペンネームをつけたというのではなく、これは本名。月光というのは「つきみつ」と読むようです。親にそんな名前をつけられたら、月の研究をせなあかんと、そんな運命的な思いを抱いても無理はないかもしれません（だとしたら、私は名前を〝周期〟とでもつけてほしかったものです。山口周期。ウン、悪くない）。

この黒木氏は現職の警察官で、せなあかん、というように関西人です。黒木氏が最初に月の影響を疑いだしたのは、高速道路警察隊に赴任してからでした。事故現場にパトカーを急行させているとき見た半月が、直感的に交通事故との関連を着想させたのです。それから交通事故が発生するたびに、あとで月齢表を見て確認するのが習慣になりました。やはり半月、つまり上弦と下弦のときに事故が多いことがわかったのです。

自分だけの経験則だけではあてにならないので、きちんとした統計をとりたいと思っていた矢先、黒木氏は運よく高速道路全般の統計業務に従事することを命じられました。**その結果二つの事実がわかりました。ひとつは、死亡にまで至らない交通事故は、半月の時期が多かったこと。もうひとつは、新月・満月の時期には、事故件数は少ないかわりに、死亡事故が多かったことです。**

自分の直感がデータとしても確認されました。ただし、これだけでは統計的意義を見出すには、データはまだまだ不十分です。

## 満月は死に誘う

交通事故は様々な原因で発生します。道路や車両の不備、未熟な運転技術やモラルの欠如など。地域差もありますし、いわゆる五・十日（ごとうび）には交通量が増えます。それらの偏りをなくすには、さらに広範な地域と、長期間に渡る多くのデータの収集と分析が必要だ……と思っていると、またまた絵に描いたような、渡りに船。

一九八八年に、県警本部交通企画課の事故統計係に配置換えになったのです。ツイてる。黒

全国の過去10年間（1982〜91年）の人身事故

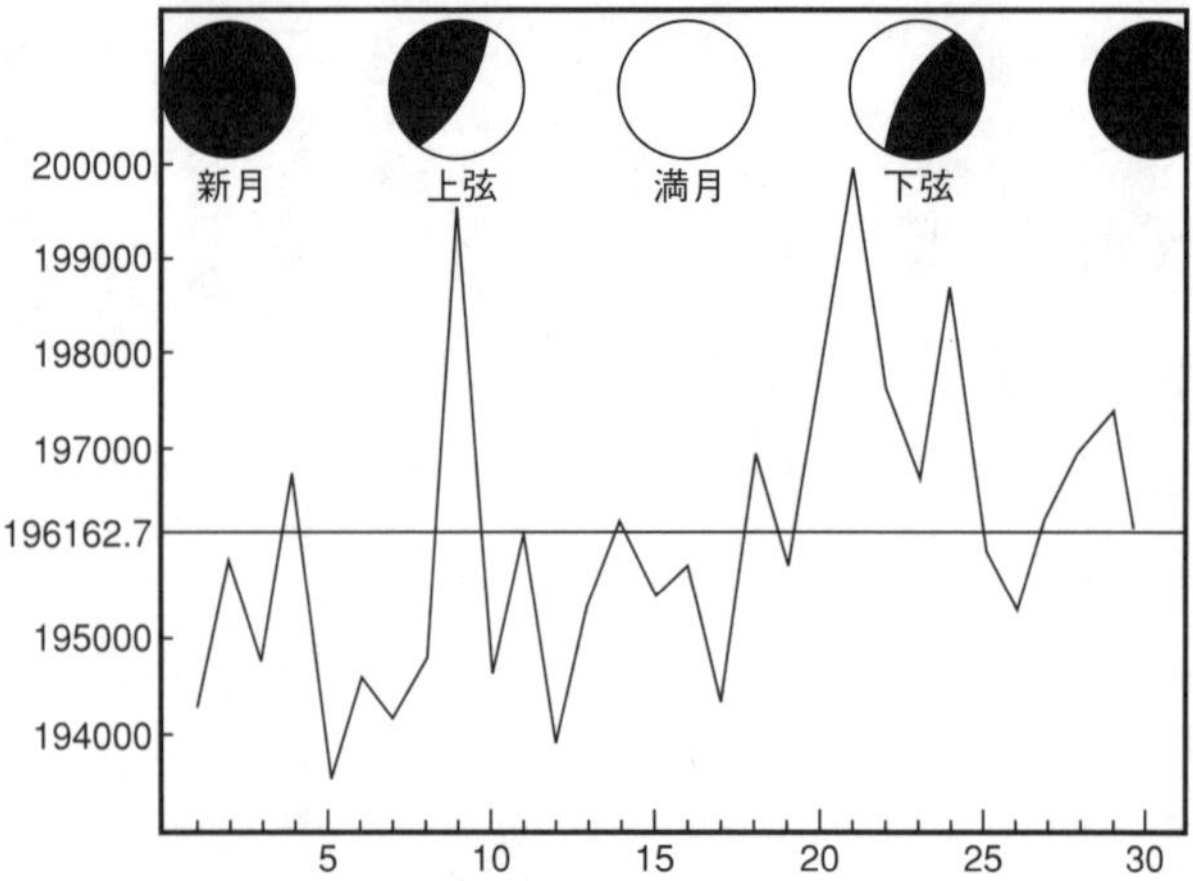


全国の過去10年間（1982〜91年）の死亡事故

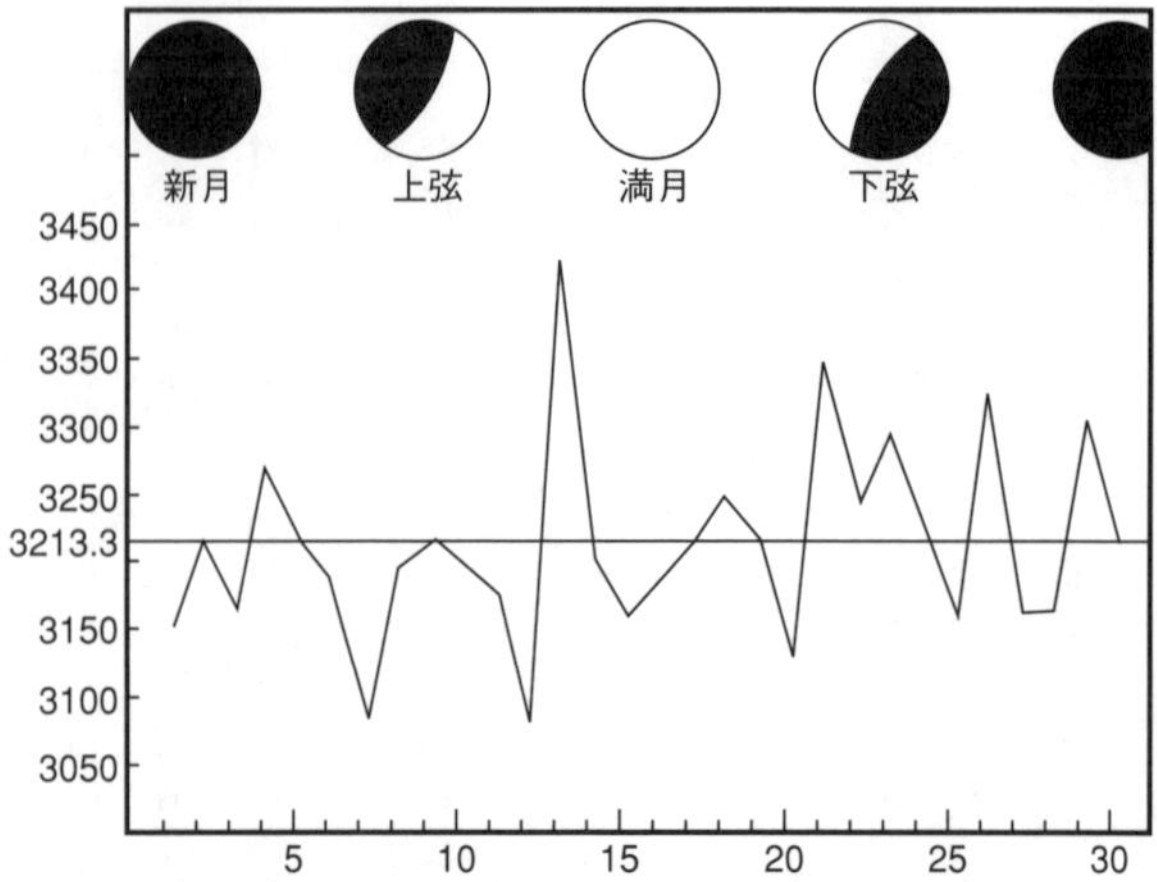


全国の1892〜91年に渡る人身事故と死亡事故
(出典『「満月と魔力」の謎』黒木月光著、二見書房)

木氏は、そう思ったに違いありません。まさに月がついてくれたわけです。これをｌｕｃｋｙと呼ばずになんと呼ぶか。そこから寝食を削る本格的な研究が始まりました。

最初に兵庫県下の過去一〇年間にわたるデータを分析して、予想どおりの結果を得たのち、次に同じく一〇年間の全国規模のデータに取り組みます。人身事故、約五八〇万件。死亡事故約九万四七〇〇件。その分析結果が前ページの図です。

一目瞭然でしょう。上の図の人身事故は、上弦当日と下弦の二日前にピークがあります。死亡事故は、満月の三日前に大きなピークと、新月と下弦の周辺に小さな山があります。**月齢と相関があるばかりか、交通事故で死ぬのは満月時（満月当日ではありませんが）に多いことがわかったのです**。リーバーが示した殺人事件数とまったく同じ結果となったのでした。やはり、満月は人を死に誘うようです。

リーバーと違って、黒木氏の分析では、**上弦と下弦には〝人の死なない〟事故が多いことがわかりました**。リーバーも交通事故の統計をとっていますが、それは死亡事故だけで、黒木氏のように、死亡事故とケガ程度の事故とに分類していないので比較できません。そもそもリーバーは、上弦と下弦の作用についてはあまり言及していないのです。

さて、この結果をどう解釈するか。黒木氏は、たんに月と交通事故との相関がわかっただけでは満足せず、次にはそのメカニズムの科学的な解明に関心が移りました。

おそらく、引力の強弱によるものだろうという検討はつきました。新月・満月には引力が強く、半月には弱まるというのは常識です。

月の研究者として、当然、黒木氏もリーバーのバイオタイド理論に注目していました。『月の魔力』に感激し、訳者の藤原氏にわざわざ東京まで会いに行ったくらいです（そのお陰で、自分の本が出せたのでした）。

バイオタイド理論を応用して、黒木氏はこう考えました。**引力の強い新月・満月時には体内は緊張し、半月には緊張が緩む。それが二つの違いを生み出した原因だというのです。そこから事故を、緊張が高まったときの「暴走型」と緩んだときの「うっかり型」に分けてこう分析しました。**

**① 〔暴走型〕――新月・満月時**

「緊張状態が高まると、イライラする感情がつのって人間が攻撃的になる。このため、信号無視やスピードの出し過ぎなど、死亡事故につながるような無謀運転が誘発される」

**② 〔うっかり型〕――上弦・下弦時**

「緊張状態が緩むと、精神的にも弛緩して注意力が散漫になる。このため、うっかり運転による人身事故が多発する」

緊張や弛緩といっても、それが生理学的にどのように導かれ、さらに精神の緊張や弛緩にどう結びつくのか、そのメカニズムについては説明されていません。また死亡事故は、不注意のうっかり運転でも大いに発生するだろうし、緊張はかえって注意を喚起して事故を避けるとも思われますが、さてどうでしょう。たんに理屈を強引に当てはめただけという感は拭いきれません。それでも、大まかではあっても考えるに値する仮説だとは思います。

# 第五章　宇宙のリズム、人間のリズム

――宇宙にリズムがあるように生体にもリズムがあった

太陽と月との合奏のステージ。それが地球です。そのステージに立つ人間は、そのリズムに乗って踊らされているのでした。

もし、ある現象に周期を見出すことができれば、いつまたそれがやってくるか予想がつきます。天変地異の大災害に関して、もしその周期がわかったなら避けることができますし、シリアスな予測として事前に対応策を考えておくこともできます。

事故にあう確率を少しでも減らしたいなら、井上氏の特異日には飛行機に乗らないようにしたり、満月や半月時には、安全運転を心掛けるようにすればいいでしょう。

大から小まで、自然（地球）には様々な周期があります。本章では、自然の周期とともに、もう少しまた人間が持つ周期について探っていきたいと思います。

## 占星術誕生の頃と今は一二星座の位置が違う

太陽と月が地軸を揺るがすのを歳差偶力といいました。それによる地軸の運動を歳差運動といいます。コマが傾いて倒れる前の運動に似ているので、「みそすり運動」ともいいます。次ページの図のように、地軸が一周するのには二万五八〇〇年かかります。

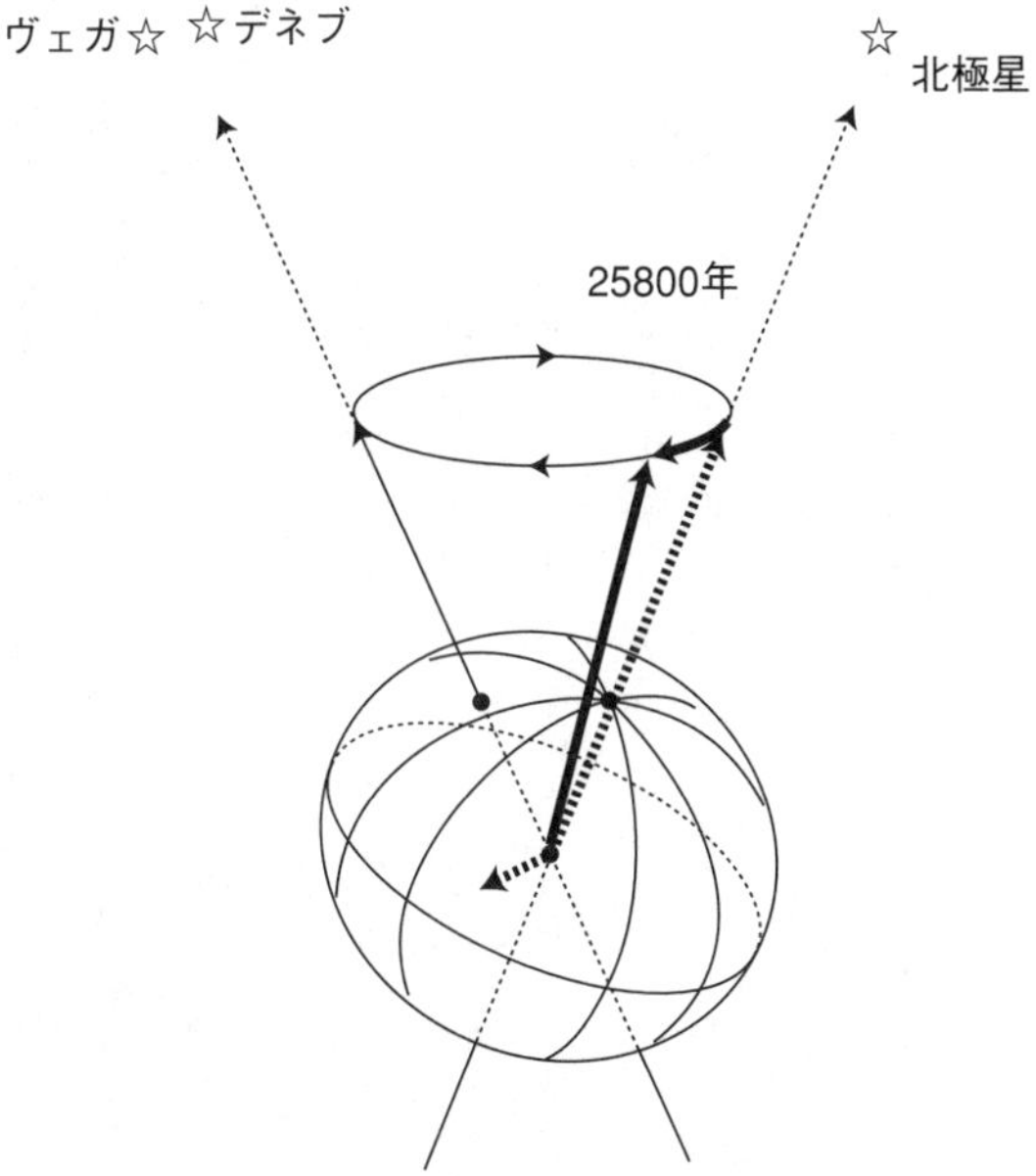


地球の歳差運動は自転に対して逆回転
（出典『教養のための天文学講座』を改変）

西洋占星術の基礎は、カルデア人がつくりました。太陽が天を回る軌道を黄道といいます。カルデア人は、一年間に黄道をめぐる星座に注目し、これを黄道一二星座と名づけました。紀元前一五〇年頃には、ギリシアのヒッパルコスが、黄道を三〇度ずつ一二等分し、それぞれに黄道一二星座の名をあてて黄道一二宮と呼びました（次ページのイラスト参照）。

占星術は、誕生したときの太陽の見える方向に位置する星座が、その人の運命を左右すると考えます。いわゆる、おひつじ座とかおうし座とかいう星座で、それをもとにして占う今日の運勢や今月の運勢、あるいは相性占いに、みな一喜一憂しているわけです。

ここからが問題です。天文学に詳しい人は常識でしょうが、歳差運動の地軸のぶれによって、二一五〇年前のヒッパルコスの時代とは、星座の位置が変わってしまったのです。ほぼ星座ひとつぶん、当時のおひつじ座は、現在の位置ではうお座に相当します。

占星術をはじめ運命学は統計学だから科学であり、だから当たるのだとよくいわれます。それを創設した人が統計をとりつつ研究を重ねた結果、体系化されたものだから確かなのだと。

もっともらしく聞こえますが、本当でしょうか？　先人たちが統計をとっていたという話を簡単に信じる前に、まずいまに生きる自分たちが科学的に確かな統計をきちっととらなければいけません。それで本当に統計学的な〝有意〟が出てくるのかどうか。

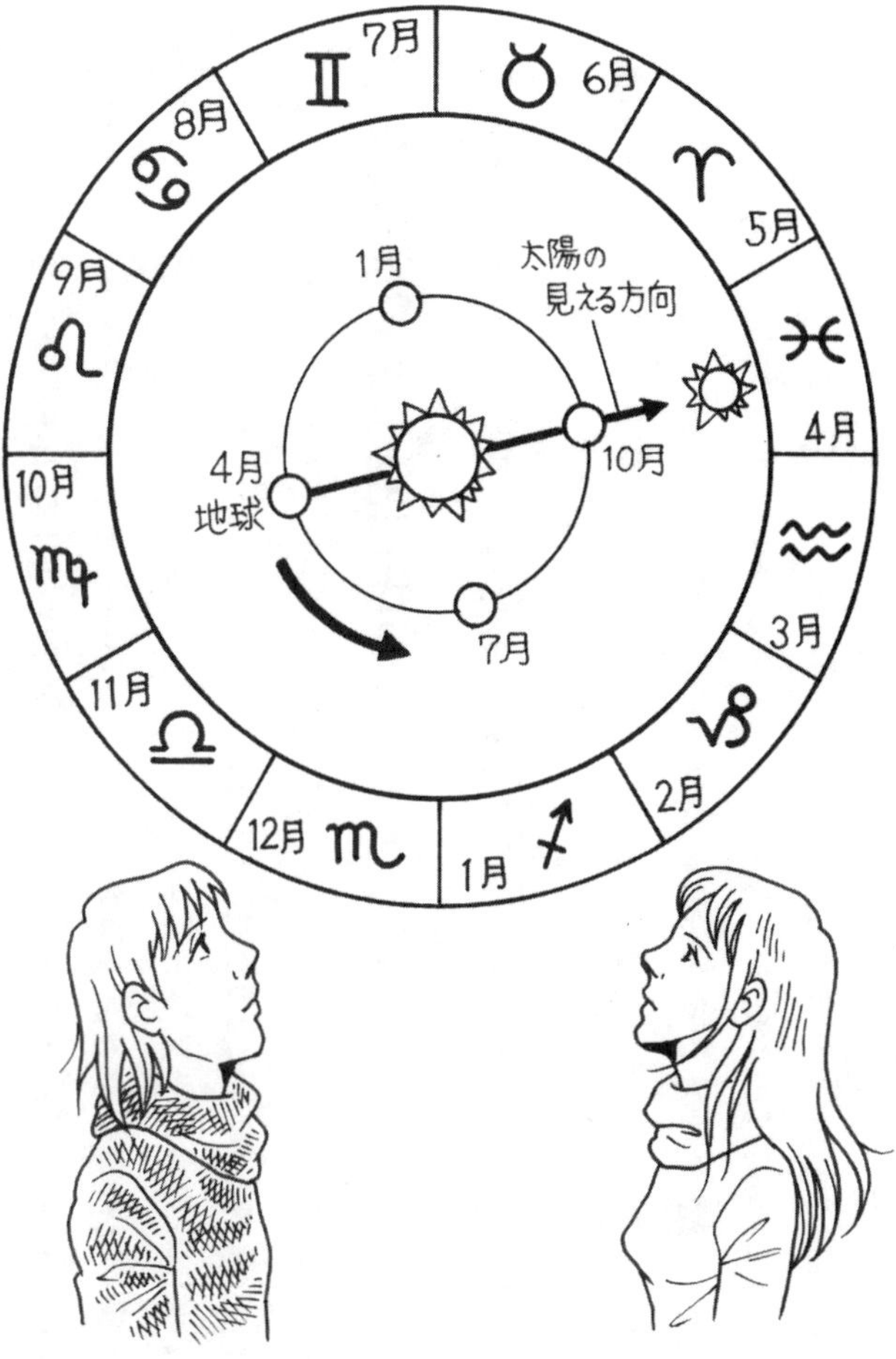


現在の黄道12宮の見え方
(出典『暦の雑学事典』吉岡安之著、日本実業出版社)

あまりによく当たるので封印されてきた、などという自賛はよく聞こえても、的中率何パーセントなどという分析はまず見たことがありません。何人も占えば、なかには偶然当たる人も出てくるでしょう。一〇人に一人、あるいは一〇〇人に一人の確率にすぎないのに、その一人を取り出してよく当たるといってはいないでしょうか。占い師が自分自身の手で、何万人かの科学的な統計をとってはじめて、当たる当たらないをいえるのだと思います。

## 異常気象も予測できる

人の運命はともかく、地球の自然現象の多くは周期性があります。周期性があるなら予測ができます。

気象にも、周期性は見られます。まず、地球は温暖な時代と寒冷な時代を繰り返しています。寒暖の変化のなかにも、氷河時代をもたらすような億年単位の大きな周期もあれば、氷河時代のなかでも、寒さが緩む間氷期があります。さらに身近なところでは、冷夏や暖冬、酷暑や日照不足や長雨など、人間に被害をおよぼす悪い気象は、何年かおきにちょくちょくやってきます。

そのたびに、世間ではよく異常気象だといって騒がれます。異常気象というと、なんだか予測不能ということで異常と呼んでいるような気がしますが、そうではありません。異常気象というのは、気象庁の定義によれば、過去三〇年以上にわたって観測されなかったまれな気象をいうものです。温度にしろ、雨量にしろ、問題になるのはその規模です。

しかし、その異常気象も、数十年おきにけっこうやってくるのだとすると、そこには周期性が見られるわけです。規模ということでは異常でも、周期性という観点からすると、もはや異常の名には値しないでしょう。**もし、そこに統計的な意義を見出すことができるのなら、いわゆる何十年に一度の異常気象というものも、予測できないものではないということです。予測ができるなら事前の備えもできるわけで、十分に備えていれば、どんなに平年並みではない大雨や冷夏があっても、騒ぐことなく平然と対処できるのです。**

## 太陽自身がいくつかのビートを刻んでいる

地球の自然を支配しているのは、なんといっても太陽です。以前、アメリカがクシャミをすれば日本がカゼをひくといわれましたが、その関係よりはるかに濃密です。太陽がクシャミをすれば、地球はカゼをひく前にケシ粒のように飛んでいってしまいます。地球のすべてが太陽活動に支配されています。

バイオタイドというのは、磁気的作用もありますが、まずは月と太陽の位置関係による引力の増減が私たちに影響をおよぼすという概念です。引力なので、太陽より月のほうに大きな影響力を見るのでした。

しかし、位置関係ではなく、それ自体の活動の影響力においては、まったく太陽のやりたい放題です。それ自体の活動となると、月はまずなんの影響力も持ちません。というより、月はもはや活動をやめた星です。満月が人間を狼にしたり車を暴走させたりするのも、月から何かの電波が出ているわけではなく、あくまで太陽と地球と月が一直線に並んだという配置の問題にすぎません。

太陽はまだ若い恒星なので、それ自身が活発に活動しています。そこには周期があります。単純に考えても、太陽が燃料を燃やしてどんどん輝けば地球の温度は高くなるし、燃料をケチればとたんに地球は凍えることがわかるでしょう。

太陽活動の活発さの度合いは、黒点に現れます。太陽活動が活発になるときは黒点が増え、低下するときは黒点は減少します。黒点は磁気の束で、黒点が増えるということは磁気活動の活発さを示しています。黒点はまた太陽フレアという爆発を引き起こします。**この活動によって地球は様々な影響を受けるのです。気象や生命活動、さらには株式といった社会活動にまで関連を見る経済学者もいます。**

**黒点が増えると、まず病人や事故が増えるという報告があります。高血圧や心筋梗塞患者の容体が悪化し、動脈硬化症の患者は、太陽フレアの二、三日後に血液がかたまりやすくなります。また満月と同じで、黒点が増えると入院患者が増えることもわかっています。**となると、黒点は少ないほうがいいということになりますが、黒点が増えると経済が活発化し、黒点の減少期には、地震をはじめとした天災、寒冷化とそれによる飢饉などが比較的多く発生してきた事実があるので、一概にどちらがいいとはいえません。

## 太陽活動の一二〇年周期

黒点に現れる太陽活動の周期は、平均で約一一年とされています。短くて九年、長いのは一四年というものもありました。

ここで井上氏と同じく周期研究家としては大先輩の、「総合科学研究所所長」の正村史朗氏に登場してもらいます。

**正村氏は、太陽活動周期について独自の見解を持っています。活動周期は、一〇年と一二年の二つがあり、その平均が一一年だというのです。そればかりか、さらに一〇年を地球に寒冷化をもたらす周期で、一二年を地球に温暖化をもたらす周期だとみなしました。**

また一〇年と一二年の周期は、それぞれ交互に六〇年ずつ続くというのです。つまり、一〇年の周期が六回刻まれると、次には一二年の周期が五回刻まれるというわけです。

ということは、六〇年ごとに寒冷期と温暖期が交互にやってくることになります（といっても、必ずしもそうなるとは限らず、統計的にそうなるケースが多いということです）。じっさい、一九〇一年～一九五九年までは寒冷期で、一九六〇年からは温暖期に入っています。つまり、

正村史朗先生（左）と著者

小堀四郎氏（日本地震予知推進会／中央）と著者（右）

| ベータ期 | | ベータ期 |
|---|---|---|
| 享保の大干ばつ（3年連続の大干ばつ）1731～1733 | ←→ 120年間隔 | 嘉永の大干ばつ（3年連続の大干ばつ）1851～1853 |
| 延享、寛延の冷害～干ばつ～冷害 1746～1749 | ←→ 120年間隔 | 慶応、明治の冷害～干ばつ～冷害 1866～1869 |
| 宝暦の冷害～干ばつ（Ⅰ）1753～1754 | ←→ 120年間隔 | 明治の冷害～干ばつ（Ⅰ）1873～1874 |
| 宝暦の冷害～干ばつ（Ⅱ）1757～1758 | ←→ 119年間隔 | 明治の冷害～干ばつ（Ⅱ）1876～1877 |
| 明和の干ばつ、洪水 1764～1766 | ←→ 120年間隔 | 明治の干ばつ、洪水 1884～1886 |
| 安永の長雨、低温（Ⅰ）1775 | ←→ 120年間隔 | 明治の長雨、低温（Ⅰ）1895 |
| 安永の長雨、低温（Ⅱ）1780 | ←→ 120年間隔 | 明治の長雨、低温（Ⅱ）1900 |

| アルファ期 | | アルファ期 |
|---|---|---|
| 天明の大凶冷（2年冷夏、1年暑夏、4年冷夏）1782～1788 | ←→ 120年間隔 | 明治の大凶冷（2年冷夏、1年暑夏、4年冷夏）1902～1908 |
| 寛政の長雨、低温 1793 | ←→ 120年間隔 | 大正の長雨、低温 1913 |
| 寛政の干ばつ 1794～1796 | ←→ 120年間隔 | 大正の干ばつ 1914～1916 |
| 文化の長雨、低温 1811～1815 | ←→ 120年間隔 | 昭和の長雨、低温（Ⅰ）1931～1935 |
| 文政の長雨、低温（Ⅰ）1821 | ←→ 120年間隔 | 昭和の長雨、低温（Ⅱ）1941 |
| 文政の長雨、低温（Ⅱ）1825 | ←→ 120年間隔 | 昭和の長雨、低温（Ⅲ）1945 |
| 天保の大凶冷（2年冷夏、1年暑夏、4年冷夏）1832～1838 | ←→ 121年間隔 | 昭和の大凶冷（2年冷夏、1年暑夏、4年冷夏）1953～1959 |

120年間隔で起こっている異常気象
（出典『兵庫県南部地震はなぜ発生したか』正村史朗著、新風社）

二〇二〇年までは温暖期が続くことになります。少なくとも氷河が解けて地球温暖化が心配されているいまは、正村理論は当たっていることになるでしょう。

六〇年と六〇年で一二〇年。一二〇年という年数は、また別の周期になっていたのです。**過去の文献を調べると、なんと一二〇年周期で異常気象が起こり、大飢饉となっていたことがわかったのです**。これは、一二〇年おきに異常気象が起こってきたというのではなく、一二〇年おきの異常気象の系列がいくつかあるということです（たとえば、西暦二年、一二二年、二四二年……という系列や、六年、一二六年、二四六年……というように）。

たんに一二〇年おきに異常気象が起こってきたというなら、一一九年間は異常気象がないことになりますが、一二〇年おきの系列がいくつかあるということなので、異常気象といっても頻繁に起きてきたことになります。

前ページの表を見てもおわかりのように、一二〇年周期はきわめて正確にリズムを刻んでいます。宝暦の冷害～干ばつ（Ⅰ）↓明治の冷害～干ばつ（Ⅰ）の間隔は一二〇年。**それでは明治の冷害～干ばつが始まった一八七三年に一二〇年を足すとどうなるでしょう。**

**答えは一九九三年。**もうお忘れでしょうか。飽食の日本が冷水を浴びせられた年。冷害で米が不作になり、スーパーから米がすっかり消えて、パサパサのタイ米を食べなくてはならなくなったあの年です。**そのちょうど一〇年後の昨年二〇〇三年にはまた冷夏となり、米が不作となったのでしたが、今回は一〇年前の教訓を生かし、備蓄米をたくわえていたので米が高騰することもなく済んだのです。**

## 十干十二支の真実を追う

一〇年、一二年、六〇年周期と聞いてピンときた人は、昔の暦について詳しい人でしょう。東洋の運命学に関心のある人も「もしかして……」と思ったはずです。

そう、十干十二支です。十干十二支が思いつかなくても、六〇年といえば？　そう、還暦です。

　東洋運命学のベースになるのが十干十二支です。十干十二支といっても、最近の若い人はわからないかもしれません。でも、干支《えと》といえばわかるでしょう。ね、うし、とら……のあれ。漢字で書くと、**「子丑寅卯辰巳午未申酉戌亥」。これが十二支。**

　十二支は日常的に使われていても、**十干はだんだんなじみが薄くなってきています。漢字で書けば「甲乙丙丁《こうおつへいてい》戊己庚辛壬癸」。**最初の甲乙丙丁ぐらいは聞いたことがあっても、それ以下は

| | | | | | | | | | | | |
|---|---|---|---|---|---|---|---|---|---|---|---|
| 1 甲子《きのえね》 | 6 己巳《つちのとみ》 | 11 甲戌《きのえいぬ》 | 16 己卯《つちのとう》 | 21 甲申《きのえさる》 | 26 己丑《つちのとうし》 | 31 甲午《きのえうま》 | 36 己亥《つちのとい》 | 41 甲辰《きのえたつ》 | 46 己酉《つちのととり》 | 51 甲寅《きのえとら》 | 56 己未《つちのとひつじ》 |
| 2 乙丑《きのとうし》 | 7 庚午《かのえうま》 | 12 乙亥《きのとい》 | 17 庚辰《かのえたつ》 | 22 乙酉《きのととり》 | 27 庚寅《かのえとら》 | 32 乙未《きのとひつじ》 | 37 庚子《かのえね》 | 42 乙巳《きのとみ》 | 47 庚戌《かのえいぬ》 | 52 乙卯《きのとう》 | 57 庚申《かのえさる》 |
| 3 丙寅《ひのえとら》 | 8 辛未《かのとひつじ》 | 13 丙子《ひのえね》 | 18 辛巳《かのとみ》 | 23 丙戌《ひのえいぬ》 | 28 辛卯《かのとう》 | 33 丙申《ひのえさる》 | 38 辛丑《かのとうし》 | 43 丙午《ひのえうま》 | 48 辛亥《かのとい》 | 53 丙辰《ひのえたつ》 | 58 辛酉《かのととり》 |
| 4 丁卯《ひのとう》 | 9 壬申《みずのえさる》 | 14 丁丑《ひのとうし》 | 19 壬午《みずのえうま》 | 24 丁亥《ひのとい》 | 29 壬辰《みずのえたつ》 | 34 丁酉《ひのととり》 | 39 壬寅《みずのえとら》 | 44 丁未《ひのとひつじ》 | 49 壬子《みずのえね》 | 54 丁巳《ひのとみ》 | 59 壬戌《みずのえいぬ》 |
| 5 戊辰《つちのえたつ》 | 10 癸酉《みずのととり》 | 15 戊寅《つちのえとら》 | 20 癸未《みずのとひつじ》 | 25 戊子《つちのえね》 | 30 癸巳《みずのとみ》 | 35 戊戌《つちのえいぬ》 | 40 癸卯《みずのとう》 | 45 戊申《つちのえさる》 | 50 癸丑《みずのとうし》 | 55 戊午《つちのえうま》 | 60 癸亥《みずのとい》 |

十干と十二支の組み合わせによる六十干支

まず読むのも難しいでしょう。それ以下はこう読みます。戊《ぼ》己《き》庚《こう》辛《しん》壬《じん》癸《き》。

もともと十干は日を数える序数詞で、十二支は月を数える序数詞でした。干は、一個二個と数えるときの個と同じ意味があります。

十というのは、指の数が両手で一〇本あるところからきたのでしょう。この一〇が、ものの数をかぞえる単位として重宝されたように、日をかぞえる単位としても用いられたのです。上旬、下旬の旬というのは、十日を意味します。

十二支は、旧暦の十一月から次のように当てられていました。

| | | | | | |
|---|---|---|---|---|---|
| 子《し・ね》 | 丑《ちゅう・うし》 | 寅《いん・とら》 | 卯《ぼう・う》 | 辰《しん・たつ》 | 巳《し・み》 |
| 十一月 | 十二月 | 一月 | 二月 | 三月 | 四月 |
| 午《ご・うま》 | 未《び・ひつじ》 | 申《しん・さる》 | 酉《ゆう・とり》 | 戌《じゅつ・いぬ》 | 亥《がい・い》 |
| 五月 | 六月 | 七月 | 八月 | 九月 | 十月 |

十干の一〇種類と干支の一二種類の最小公倍数が六〇。甲子（かっし・きのえね）、乙丑（おっちゅう・きのとうし）から始まって、壬戌（じんじゅつ・みずのえいぬ）、癸亥（きがい・みずのとい）まで六〇の組み合わせができます。これを「六十干支」といいます。この六〇の組み合わせを、年月日と時間に割り当てて暦に取り入れたのです。だから、毎年の年にも、日にも、月にも、時間にも六十干支が割り当てられています。たとえば、二〇〇四年一月一日は、癸未（みずのとひつじ）の年、甲子の月、己卯（つちのとう）の日になります。年が変わるのは節分後で、二月四日から甲申（きのえさる）の年になります。

**六〇歳になったら還暦といいますが、これは六十干支が一回転してまた元に戻るのを還暦というところからきています。**ちなみに、甲子園球場は、一九二四年甲子の年にできたので、この名前がつけられました。辛亥革命（一九一一年）や戊辰戦争（一八六八年）は当然ながら、一九一一年が辛亥の年で、一八六八年が戊辰の年だったわけです。

## 運は太陽によって支配される

さて、この十干十二支は序数詞だといいましたが、たんなる数だけではなく、そのひとつひとつに意味があります。「甲乙丙丁戊己庚辛壬癸」の甲や乙……、「子丑寅卯辰巳午未申酉戌亥」の子や丑……のひとつひとつに、それぞれの意味があるのです。それはみな生命の消長にかかわるものなのでした。

**つまり、十干十二支は、草木が種から芽を出して成長し、葉が茂って大きく育ち、種をつけ、枯れ、種にまた新しい生命が内蔵され、種の内部に芽の形が形成されていくというプロセスを一〇段階、または一二段階に示したものです。**甲や乙、子や丑など、合計二二文字のすべてが、その一段階、一段階を示しているのです。

たとえば甲というのは、甲冑（かっちゅう）のことで、つまり、かぶとのこと）のことで、種子が発芽してまだ厚い皮をかぶっている状態をいい、子というのは、種子の内部から新しい生命が萌え出そうとしている状態をいいます。

さらに民俗学者の吉野裕子氏は、『日本古代呪術』（大和書房）でこんなふうにもいっています。

**「太陽の熱と光のエネルギーが地球の各部に伝えられて、草木の種子が内部的胎動から発生・繁茂・成熟・伏蔵の順をたどり、その過程が十干・十二支によって示されている」**

**〝太陽の熱と光のエネルギー〟**

この言葉に、私はギョッとなりました。吉野氏は、正村氏とは別に、太陽活動の一〇年と一二年周期を知っていたのか⁉　いや、まさか……。

おそらく吉野氏は、たんに春になると、地球に降り注ぐ太陽エネルギーが強くなり、秋が来ると太陽エネルギーが弱くなるという四季の変化しか頭になかったでしょう。四季は、地軸の傾きによる、地球の球体としての太陽熱の取り込みの問題だったはずです。黒点の増減に示される、太陽活動自体の盛衰によるものではありません。

**それでも、〝太陽の熱と光のエネルギー〟という文字を目にしたときはびっくりしました。吉野氏はともかく、ひょっとして、十干十二支を考え出した人たちは、太陽活動周期のことを知っていたのかもしれない。そういう思いに駆られたからです。偶然にしてはできすぎです。**

東洋運命学では、この六十干支が占いのベースになります。とくに四柱推命は、生まれたときの年・月・日・時間の六十干支で占います。

**もし、十干十二支が太陽エネルギーの盛衰の状態を表したものならどうなるでしょう。〝生まれたときの一二星座の位置〟によって運命が決定されるというのが西洋占星術の考えなら、十干十二支を背景にした東洋の運命学は、〝生まれたときの太陽活動の状態〟が運命を決定するという考えになります。**

ただし、運命鑑定家のなかで、十干十二支が太陽活動周期ではないかと考えている人などまずいないでしょう。

四（フォー）ビートの運勢になるか、八（エイト）ビートの運勢になるか、一六ビートの運勢になるか。生まれたときにかかっていた太陽サウンドのリズムが一生を支配するというわけです。しかし、実際に、年・月・日・時間が、太陽活動周期の六〇パターンで正確に繰り返されているのかとなると、「そんな馬鹿な！」と、みなさんは思われるでしょう。しかし、私は、もしかすると太陽に何らかのかたちで六〇通りの正確な活動パターンが存在するのではないかと信じ、現在解明に取り組んでいます。

## 秒読みに入った関東大震災

本章では人間のリズムに絞って述べるつもりでしたが、正村氏の周期説を紹介したついでに、東海や関東に大地震が懸念される折りから、やはり正村氏が独自に発見した戦慄すべき大地震の周期を最後に紹介しないではいられません。

**地震にも周期があります。関東大震災の七〇年周期説は有名ですが、最強最大の大地震をもたらす、およそ一一〇〇年という周期があるのです。**注目すべきはこの周期です。まさにいま、関東大震災とともに、一一〇〇年の周期の圏内に突入しているのです。この周期の事実も、圏内に入っていることも、一般にはまず知られていません。

これは私の前著『四つの危機』（文芸社）に詳しく書きました。この一一〇〇年周期を知った戦慄が、あの本を書かせた動機のひとつになっています。ここで少しだけお話しておきます。

**この一一〇〇年周期の大地震というのは、たんなる大地震ではありません。日本の骨格である中央構造線を揺るがす究極の大地震をもたらすもので、これは過去に人類が経験したなかで、最大級の大地震だといいます。**想像によると、マグネチュードはなんと八・七。八八七年に起

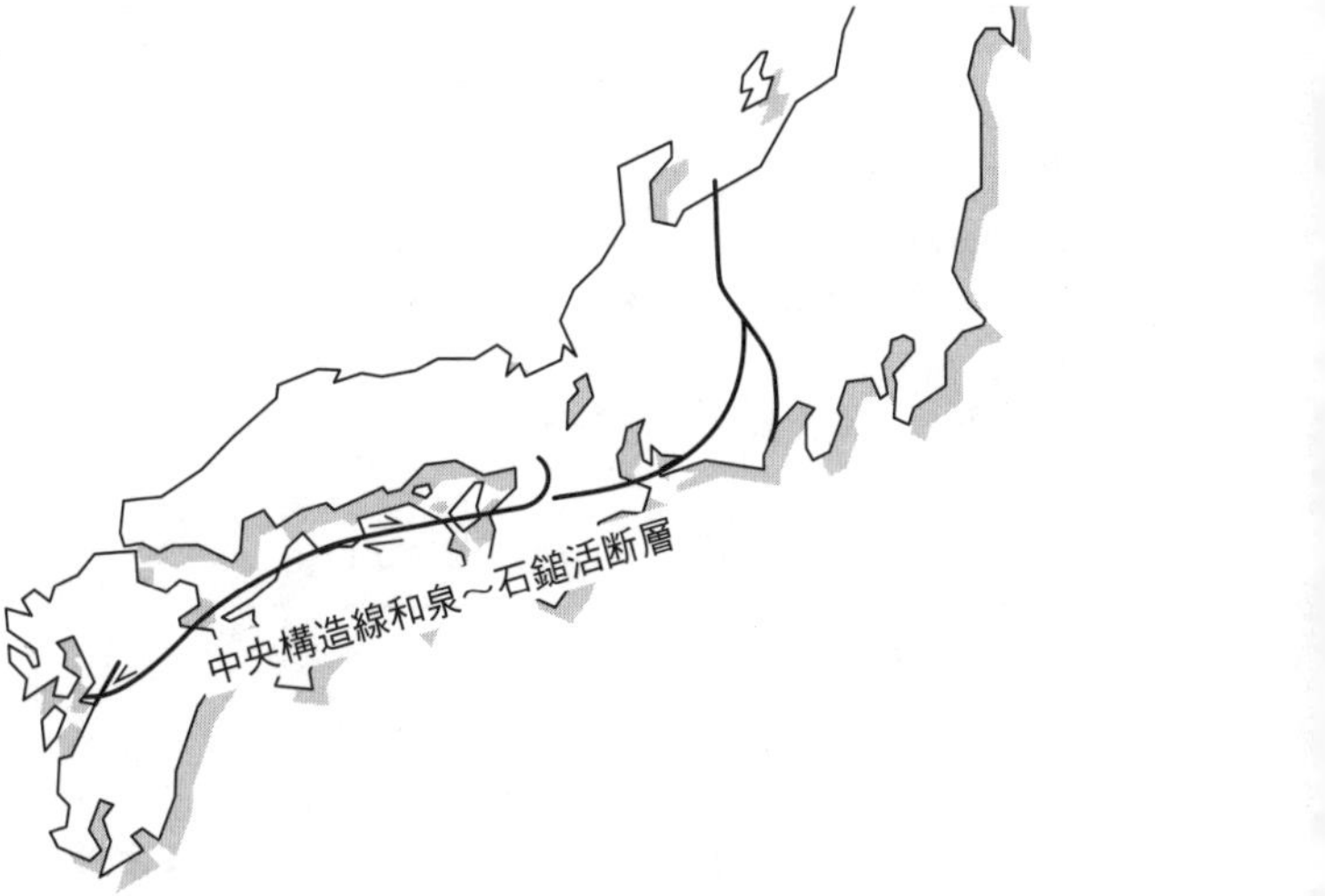


中央構造線

きたこの〝超巨大地震〟では、摂津の国が大津波に飲み込まれて、多数の溺死者が出たほか、京都でも建物が全壊するほどの多大な被害が出ました。

　中央構造線というのは、フォッサマグナとぶつかる諏訪湖の西から天竜川の東を通り、豊川の谷に沿って紀伊半島に入り、淡路島の南部、四国の北部、佐多岬の北部の海中から、豊予海峡、九州を横断して八代に至るラインをいいます。正村氏によると、震源地は、和歌山県の和泉山地南麓から四国中央部北縁の石鎚断層崖麓にいたる活断層になります。

　興味深いのは、この真打ちの〝超巨大地震〟の前に、次ページ表の①〜⑤の順番で、

| | 第１次 | 第２次 | 発生間隔 |
|---|---|---|---|
| ①濃尾大震災 | 745年 | 1891年 | 1146年 |
| ②関東大地震 | 819年 | 1923年 | 1105年 |
| ③北伊豆地震 | 841年 | 1930年 | 1089年 |
| ④兵庫県南部地震（阪神大震災） | 868年 | 1995年 | 1127年 |
| ⑤神奈川県～東京都地震 ↓ | 878年 | 1995～2010年？ | ？ |
| 中央構造線超巨大地震 | 887年 | 2010年～　？ | ？ |

1100年周期の足跡と足音

前座となる大地震が必ずやってくるということです。第一次シリーズは七四五年の濃尾大震災に始まり、八八七年に終わりました。その第二次シリーズが一八九一年に始まり、そのメーンイベントに向けて着々とシナリオを消化してきているのです。あの一九九五年の阪神大震災も、この一一〇〇年周期のシナリオを満足させる前座にすぎなかったのです。

前回のシリーズでは、兵庫県南部地震が起きてから一〇年後に神奈川県～東京都地震が起きています。それと同じく、正村氏は、一九九五年の兵庫県南部地震（阪神大震災）から一〇年以内に、神奈川県～東京都地震が起きると読んでいます。さらに、その地震が起こった後、本震である「中央構造線超巨大地震」もまた起きる確率が高いと予想しているのです。

この一一〇〇年周期のほかに、正村氏は地震にもまた一二〇年周期があるといって傍証をあげています。太陽活動周期六〇年×二の一二〇年です。これもまた、反復されるリズムのなすわざでした。太陽活動と異常気象ばかりか、太陽活動は大地震とさえ相関関係にある。それが正村氏の発見、いや大発見だったのです。

## 生体（体内）リズム

ここで地震の例をあげたのは、けっして恐怖によって周期の存在を信じこませようという魂胆ではありません。やはり自然には周期があるという事実を、実感として知ってもらいたいからです。

どんな天変地異があっても、運がよければ助かります。私がいいたいのはそれです。その運も、リズムに支配されているのであり、いかに運を味方につけるかということです。

ここから、ようやく人間のリズムです。人間にも様々なリズムがあります。それを生体リズム、または体内リズムといいます。そのいくつかを、ざっとあげていきましょう。

## サーカディアン・リズム

まず、基本中の基本は二四時間のリズム。私たちは、一日二四時間のリズムで生活しています。

一日というのは、地球の自転の一回転のこと。それによって太陽が天を移動し、朝昼晩のサイクルがもたらされます。生命が太陽エネルギーを頼りに生きているのであれば、人間が二四時間のリズムで生活するのは当然です。

**この二四時間のリズムを「サーカディアン・リズム」といいます。**これはラテン語で「約」という意味の「circa」と、一日という意味の「dies」とを合体させた造語で、「約一日のリズム(概日《がいじつ》)」という意味です。約というのは、ほぼ一日ではあるが、きっかり二四時間ではないという意味がこめられています。アメリカ・ミネソタ大学の〝時間生物学者〟、ハルバーグ教授が作った言葉です。

約二四時間のリズムというのは、生体リズムというより、一日二四時間のサイクルで社会を営んでいる、時計をもった人間の人工的なリズムではないかと思われるかもしれません。朝六時に起きるのは、会社があるからだし、夜一二時に床につくのもまた、会社に間に合う時間に起きるためではないかと。たしかに、社会的に習慣化された面があるのは否めません。

しかし、意識とはかかわらない自律的なリズムもあるのです。人間の体のなかには、自前の時計が内蔵されています。いわゆる、体内時計です。

体内リズムは睡眠時間だけではありません。ほとんどの器官の生理機能にリズムがあります。サーカディアン・リズムだけで、証明されているのは三〇〇種類以上。わかりやすい睡眠や食欲以外にも、体温、脈拍、血圧、副腎皮質ホルモンや成長ホルモンなどのホルモン分泌、血液や尿に含まれる化学成分の濃度の変化にも一定のリズムがあります。

サーカディアン・リズム以外にも概月リズム（一カ月のリズム）、概年リズム（一年のリズム）などがあります。短いものでは、心拍、呼吸、脳波などもリズムそのものです。

## 赤ん坊に睡眠のリズムはない

新生児は一日一六〜一八時間眠り、二、三時間おきに授乳を求めます。若いお母さんが育児ノイローゼになるのは、大人と生活リズムがまったく同調していないからです。夜中もかまわずに何度も大声を絞り出して泣くので、そのたびに世話をしなくてはならず、安眠が妨げられるわけです。

生後八週間くらいは一日中寝たり起きたりで、まだ睡眠リズムはできあがっていないのです。けっして親を苦しめようと、わざわざ深夜を選んで大声を張り上げているのではありません。

**赤ん坊は約一五週目くらいたつと、日中は起きて、夜になると眠るようなパターンができてくるようになります。二四時間サイクルの寝起きが大人と同じリズムで繰り返すようになるのは、半年ほどたってからです。**

ゆりかごのなかで、耳を澄まして周囲のリズムと合わせようと、自分のメトロノームを調節していると思えばかわいいものです。五、六歳になるまでは、睡眠リズムは完成しません。

子どもは、家庭でリズムを覚えます。それも躾《しつけ》のひとつです。朝はカーテンを開けて太陽の光を与え、夜は暗くするのが何よりも基本です。語りかけたり遊んでやるのは日中にして、夜には控えるようにしましょう。授乳や睡眠が自然のリズムに合わせて適切に与えられることが、健康な子どもを育てる栄養になります。

幼少期にリズムがしっかり形成されるのは、健康にとって大事であるのと同時に、社会との折り合いを調整するための、タフな同調器を身につけるためにとても大事なのです。社会的動物としての人間が、社会へ適応していくために必要な基本の同調器が、生後の家庭環境で育まれます。この同調器が不完全で、柔軟性に欠けていると、社会への適応がうまくいかず、やがて精神的なきしみが生じて、社会性が失われた子どもになる可能性が高くなるのです。

余談ですが、授乳やおむつ交換などがちゃんとなされていたとして、それ以外に不機嫌に泣く子を簡単に泣き止ませる方法があります。それもリズムの効能です。といっても、これは音のリズム。

胎内で聞く母親の心音（血流の音）と同じリズムの音を聞かせると、すぐに泣き止みます。CDなどでも出ているようですが、それに似た音として、スーパーなどのレジで渡される袋を揉む音や、テレビの放送終了後の砂嵐の画面で出る音を聞かせても、まるで手品のように泣き止みます（ちなみに、熟睡している大人を起こすときは、プーンというあの蚊の羽音に似た音を耳元でたててやると、すぐに起きます）。

## 一日は約二五時間？

先ほど、概日リズムは二四時間だといいました。それではどうしてきっちり二四時間なのではなく、〝約〟二四時間なのでしょう。

こんなふうに考える人もいるかもしれません。

「ずっと昔、地球の自転はもっと速くて、五億年前だと一日は約二一時間だったとか。哺乳類かサル か原人か、いつ頃の先祖からの記憶を宿しているのかは知らないけれど、約二四時間だとすると、きっと今の二四時間よりもう少し早い時間になるんじゃないか。二三・五時間とか」

なかなかいい推理ですが、それだけではまだ足りません。実をいうと、概日リズムはプラスマイナス約四時間の幅があるのです。

マイナスは五億年以上も前の記憶を宿しているとしても、プラス四時間というのはどうしてでしょう。それは単純な話で、これからもっと自転速度が遅くなったときのための準備ではないかと考えられています。つまり、プラスマイナス約四時間の幅は、地球の自転速度が変化したときに適応するための幅(遊び)だということです。

ここに面白い実験があります。時間を知る手掛かりのまったくない環境で過ごすと、生活パターンはどうなるかというものです。ドイツの生理学者J・アショフが最初に行い、その後多くの科学者に追試されました。

どういう実験かというと、外界からの太陽光をはじめ、社会的な情報からも一切隔離された環境下で被験者に自由気ままに生活してもらいます。そこでは温度や湿度、照明などが一定の条件に保たれます。

すると、一日の周期はしだいに二四時間からずれてくるのです。食事や睡眠・起床は、外にいるときと同じパターンで生活してもらうのですが、そのパターンは崩れなくても、二週間もすると、**ほとんどの被験者が一日はおよそ二五時間になってしまうのでした**。だから、何日間か過ごすと、外の世界とは一八〇度ずれて、昼夜が逆転し、そのうちまた一回転して元に戻ります。

このように、生物が自然環境から隔離されたある一定の環境で過ごすと、新たなリズムが発生し、それが継続します。それを「フリーラン・リズム」と呼んでいます。

ところが、二週間を越えると、この二五時間も怪しくなります。体温やホルモン分泌、レム睡眠などのリズムはだいたい二五時間が持続されるのですが、睡眠と覚醒の周期はまちまちになり、一日が三〇時間以上になる人が増えてくるのです。

## 時差ボケのメカニズム

このように、体内リズムが同調を失って、いくつかのリズムがばらけてくると不都合が生じます。これを「内的脱同調」といいます。時差ボケと似た症状といえばおわかりでしょう。というより、時差ボケは、体内リズムがばらけて同調を失ったことによって生ずるのです。

たとえば一日の体温変化は、昼間が高く、夜になると下がり、睡眠中も下がり続けて、明け方に最低になります。太陽が上るにしたがって体温も上昇に向かいますが、起床時間がそれに合っていると楽に起きられるのです。

睡眠・覚醒のリズムが体温変化と同調すれば、寝つきもよく、快適な睡眠も得られて体調は順調ですが、体内のリズムがばらけると、ちょうど夜泣きの赤ん坊を体に抱えるようなもので、眠られなくなったり、起きられなくなったり、一日中体調がすぐれずに、気分も能率もガクンと落ちます。自律神経失調症のような不具合が出るわけで、これでは美容にも悪いし、運も逃げていきます。

体内リズムが崩れるのは、アクセルとブレーキを同時に踏んでいるようなものなので、失調がきたして当然なのです。

最近、大型トラックの交通事故が多発しています。これは、夜勤続きの過労が原因だといわれています。いっそのこと夜勤がずっと続いてしまえば慣れもするのでしょうが、問題は不規則な勤務制です。最近、これもまたよく報道される看護師の医療ミスも、三交替制の勤務制がなければもっと減るのではないでしょうか。

概日リズムは約四時間の幅があり、それは自転速度の変化に適応するためのものだと考えられているといいました。そのような生命レベルの適応だけではなく、もっと日常的な体内リズムの補正のためにもその幅があるものと思われます。

たとえ健康のために規則正しい生活を心掛けている人だとしても、毎日必ず午後一一時に寝るというようなタイムテーブルどおりの生活を守るのは、なかなか難しいでしょう。ふだんは午前零時前に寝る人も、ときには一時、二時と夜更かしします。寝不足だとは思いながら、それでも会社に行ってそつなく仕事をこなしてきます。二、三時間の変化なら、まあ体もついていけるでしょう。ところが、明け方までの徹夜ともなるとさすがにきつく、時差ボケのような後遺症が残らないでしょうか。年をとるにしたがって、徹夜の後遺症が長引くのは、みなさんもきっと経験していると思います。

そのような生理に反した労働を強いられるのが、交替制の夜勤です。またトラックの運転手や看護師など、人の命に直結するような仕事が多いのが夜勤でもあります。

## 月のリズム再び

人間のフリーラン・リズムはおよそ二五時間でした。赤ん坊は生後二六週に至るまでに、睡眠と覚醒のリズムが二四時間の概日リズムになっていきますが、**その前の一八週までに約二五時間のリズムが現れるのです。面白いのはこのおよそ二五時間という数値です。実はこれ、月のリズムとほぼ同じなのです。月の出は毎日、約四九分ほど遅れます。**今日が零時に東の水平線から顔を出せば、翌日は零時四九分が月の出になります。つまり、月が水平線から顔を出す周期は約二四・八時間ということになります。

このように毎日遅れていくと、二九・五日で二四時間の遅れになります。つまり、新月から次の新月、満月から次の満月までは二九・五日だということです。これを「朔望月《さくぼうげつ》」といいます。

一日二四時間というのは、地球の自転の時間です。生物は太陽活動のたまものだとするなら、太陽のリズムが体の奥深くに染みついていていいようなものですが、**どういうわけか人間は月のリズムのほうが深く体に刻まれていたのでした。**

**この二四・八時間のリズムは、人間だけではなく、もっと原始的な生物にも備わっています。**ということは、地球生命としての、非常に根源的なリズムなのかもしれません。

海には、満月や満潮に合わせて一斉に排卵する生物がたくさんいます。人間も元をただせば海に漂うアメーバーから生まれたもの。月と同調するのが、やはり生命の根源のリズムだと考えるべきでしょうか。

このほかにも、月は生物にいくつかのリズムを提供してくれています。まさに月経というように、人間の月経周期の平均は二八日〜三〇日。その周期は朔望月とほぼ同じです。ということで、月のリズムの信奉者が、その布教に努めようとするとき、必ずといっていいほど朔望月と月経周期との一致が語られます。けれども、チンパンジーの月経周期は三五日だったりするので、これは偶然かもしれません。

# 第六章「集団生体リズム」の発見

## ――宇宙と人間との電磁気的交流

## 生体リズムは「バイオリズム」とは違う

生体リズムと混同されやすいものに、「バイオリズム」があります。言葉としてはバイオリズムのほうが普及しているので、生体リズムといっても、バイオリズムの一種かと思って読まれていた人もいるでしょう。

じつは、生体リズムとバイオリズムは別のもの。バイオリズムは、世間では調子の波という意味でよく使われていますが、どうもいまの医学界からは相手にされなくなっているようです。これは私だけがいっているのではありません。たとえば、山梨医科大学名誉教授の田村康二氏などはこう述べています。

生体リズム・時間医学の話をすると、よく「それはバイオリズムのことですか？」と聞かれます。実は時間生物学・医学を研究している者としてはバイオリズムという偽科学を科学の世界から追放してきたのです。

**バイオリズムというのはドイツのベルリン大学のフリーズ博士が一九〇六年に唱えた説です。**

彼は自分の個人的な経験から体は二三日、感情は二八日、知性は三三日のリズムがあると断定したのです。しかしヒトのリズムはこんな単純に決まるものではありません。そこで占いとして使われているのです。この点はわが国の血液型占いに似ています。ですからバイオリズムと時間生物学・医学とは全く違うということをよく理解して頂きたいのです。

（『生体リズム健康法』文春新書）

偽科学とまでいわれてしまいました。バイオリズム側も、このような一文で切り捨てられるには大いに反論もあるでしょうが、生体リズムは医学で、バイオリズムは医学ではないという医者たちの主張があることを知っておきましょう。

**バイオリズム理論は、すべての人間に、誕生日を起点とした同じ一定のリズムが備わっているということなので、自分でそれを検討することができます。もちろん、私も自分自身について調べてみました。ところが、やはり私にも、バイオリズム理論は当てはまらなかったのです。**

バイオリズム関係の文献を見れば、フリーズ博士らによってもたらされた周期説は、追試された様々な統計でも同じ結果となっていると記されています。つまり、客観的な統計をとった結果、その三つのリズムが裏づけされているというわけです。

それでは、統計というのはどんなふうにとるのでしょうか。

バイオリズムは、その周期説にしたがって、要注意日という日を設定しています。調子の波の下降期のある一日に、アクシデントが集中するということで、体の要注意日なら、その日に病気が集中するし、感情の要注意日なら、その日に揉め事や事故などが集中するというのです。

その仮説のもとに、たとえば交通事故を調査の対象にします。そこで事故を起こした一人ひとりの誕生日から要注意日を割り出して、事故当日が要注意日に当たるのかどうかを調べると、一〇〇人のうち要注意日に当たっていたのは、七、八〇人にもなるという結果が導かれるというのです。

そのほか、個人の実例として有名スポーツ選手などのチャートなどもあげられて、その成績と周期の関連が示されたりします。

ところが、医学者たちのバイオリズム否定派の文献には、いくら統計をとっても、そんな周期は出てこないと書かれています。さて、どちらが正しいのか。**少なくとも私には、バイオリズム理論は当てはまらなかった。それは事実です。**

しかも、バイオリズムの二三日、二八日、三三日の周期というのは、けっして平均値ではないのです。揺るぎなく、個人個人に一日の狂いもなく確実にやってくるリズムだということです。月経でさえ不規則なのに、生まれて死ぬまで、まったく変わらないリズムで感情や知性の働きや、身体機能が脈打っていると考えるのは、かなり難しいでしょう。

## 「集団生体リズム」の発見

このようにバイオリズムは、一人ひとりに、その誕生日ごとに、二三日、二八日、三三日のリズムが繰り返されているという考えです。誕生日が同じなら、二人は一生同じリズムです。

**一方、これまで見てきたように、地球に住む人間に一様に降り注ぐリズムがありました。満月に合わせて、海中生物が一斉に産卵するようなリズム。これは実際に観察されている事象です。**

**このような、集団として働くリズム。これを仮に「集団生体リズム」と呼ぶことにしましょう。私が発見した二八日周期の波も、その「集団生体リズム」の一つです。**

実をいうと、私が見つけた二八日周期のリズムは、井上氏や正村氏などの周期説とともに、バイオリズムがヒントのひとつにもなっていたのです。

**また、私が発見した集団生体リズムは、二八日だけではありませんでした。なんと、二三日**

と三三日の周期があったのです。それも二三日と三三日が、いわゆる身体と知性にかかわるリズムだという点も似ていました。

たんなる偶然とは思われませんが、そのメカニズムについてはまだ私もわかりません。このような共通点があるために、バイオリズムを偽科学として全否定する気にもなれず、一面の真理もあるのではないかと思っています。

ただし、バイオリズムは個人の誕生日を起点とするもので、集団生体リズムはあくまで地球に住む人間のすべてに、同時的に降り注ぐリズムだということです。また、バイオリズムは、外界とは関係なく、人間のなかに内在された体内時計がリズムを刻むという考えであるのに対して、集団生体リズムは、外界から振られる指揮によって動かされるリズムだということです。自律的なリズムと他律的なリズム。そこに大きな違いがあるのです。

## バイオリズムへの素朴な疑問

常識的に考えれば、どちらが受け入れやすいでしょう。

「人間が一度にみな同じ感情になったり、同じ精神状態になって同じ行動に走る」というより、

| | |
|---|---|
| 身体（23日周期） | 体力・耐久力・抵抗力・スタミナ・エネルギー・攻撃力・肉体的自信・勇気 |
| 感情（28日周期） | 感情・気分・神経・直観・ムード・感受性・反射力・創造力・共同意識 |
| 知性（33日周期） | 知力・思考力・記憶力・分析力・論理性・判断力・集中力・権威力・機敏 |

バイオリズムが説く「身体・感情・知性」の機能分類
（『自分のバイオリズム入門』白井勇治郎著、青春出版社より）

「個人個人に、生まれてから死ぬまで、好不調の波が必ず一定の周期で訪れ、しかも身体・感情・知性の三つの周期が独立してある」というほうがありえそうでしょうか。**しかし、桜は一斉に開花し、銀杏は一斉に落葉します。気温が高くなればみな汗をかくし、暴風が吹き荒れれば、皆よろけてしまいます。そう考えると、外界からの強風にあおられて、みな一様に足を踏ん張ったり、春風に誘われて踊ったりするという状況は受け入れやすいと思います。**しかも、外界からの指揮、すなわち地球や太陽や月の運行は、実に正確なリズムによって支配されています。だからこそ、軌道計算をプログラミングしただけで、人工衛星を木星に突入させることもできるのです。

**それに対して、個人的な生理に由来するバイオリズムが、正確なリズムを刻むとはなかなか受け入れがたい理論ではあります。**月経でさえ、きちんと周期どおりには来ないのです。誕生日を起点に、感情や知性の調子の山や谷が、生まれてから死ぬまでずっと、一日も違わず同じ周期で刻まれ続けるというのは、はたしてどんなものでしょうか。

なお、私が提示する集団生体リズムの周期がいかに見出されたかについては、ここでは具体的には述べられませんが、私独自の統計と、さらに実験的手法も用いて補正したうえで解明されたということを述べておきます。

バイオリズム理論が説くところの身体、感情、知性というものについて、具体的にどんな内容になるか、もう少し示すと前ページの表のようになります。

最初の体力、感情、知力というのはわかりますが、それ以下はちょっと言葉の意味がわからなかったり、必ずしもそのジャンルでなければならないというわけでもなく、三つにまたがった能力でもあるはずです。

たとえば、身体の「抵抗力」というのは何に対するものかわかりませんし、「攻撃力」という意味もよくわかりません。「勇気」は、肉体的自信を背景にしたものとしているようですが、それにしても感情や知性の管轄《かんかつ》でもあるでしょう。

## 三つの周期は脳の三つの構造から発振される

偽科学であるかどうかはともかく、バイオリズム理論は、身体的な機能全般にかかわる好不調の波とともに、感情の起伏や知的能力の波があることを見出したといいます。

しかし、その現象をもたらす生理的メカニズムはもとより、その発振源がどこにあるかということについては、何も語られてはいないようです。

実際に現象があってもなくても、バイオリズムの理論家は、それがどこからくるのかという疑問や関心はないのでしょうか。

これに対して、私の見出した集団生体リズムは、発振源を求めます。それが集団生体リズム理論の立場です。集団生体リズム現象の存在とともに、人体にその発振源を求めるのが、私独自の集団生体リズム説なのです。

人体内部の発振といっても、それが独自にテンポを決めているのではありません。いうまでもなく、大もとの指揮者は宇宙にあります。つまり、コスモリズムです。それをまず受け取り、そのリズムに同調するところから始まります。そのうえで、人体内部の諸器官に、指揮者とし

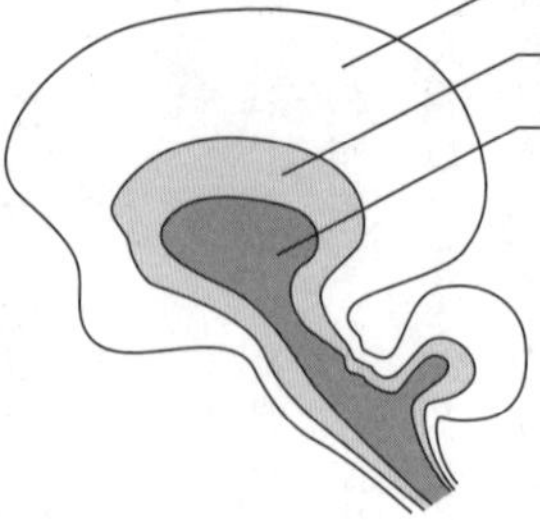


脳の三層構造

て号令をかけるのです。

海中の下等生物が満月に合わせて排卵するというレベルなら、たんに外界からの刺激に内分泌器官が興奮するという程度の反応かもしれませんが、人間の精神や感情に、一定の調子の波をもたらすというのは、そのような受信と発振の中枢《ちゅうすう》（指揮者）なしには考えられません。

それでは、受信器であり発振器でもあるその場所はどこにあるのか？　私はそれを脳の構造と機能に求めます。

大脳は、その発達の歴史から、三つの層に分けられます。すなわち、新皮質・大脳辺縁系《へんえんけい》・脳幹です。それぞれが独自の構造と機能を持っています。

新皮質は知性の中枢であり、大脳辺縁系は感情の中枢であり、脳幹は内臓諸器官を統御する自律神経系の中枢です。

この脳がそれぞれに打つリズムにしたがって、知性的な能力や感情、さらには自律的な生理機能にも、好不調の波として表れるのだと考えます。

## 「集団生体リズム」と「バイオリズム」の違い

脳は、それぞれに独自の系を持っているとはいっても、一つの個体（人格）として連係もしているので、それぞれが互いに影響を受けます。感情が乱れれば、知性にも身体能力にも悪い影響が出るでしょうし、身体がうまく動かなければ、感情にも知性にも動揺を与えます。

**健康は、この三つのリズムが調和しているのが前提です。ふだんは調和が保たれていますが、それが微妙にズレたときが不協和音を生むことになり、イライラしたり、能率があがらなくなったり、体調が崩れることになったりするのです。肌が荒れ、勘や判断力が鈍くなります。生気が衰えれば運もまた逃げていきます。それが私の集団生体リズム理論なのです。**

筋肉的な運動能力は、主に小脳に支配されていますが、新皮質や大脳辺縁系からの信号にも影響を受けるので、やはり脳全体との関連を考えなければなりません。なお、集団生体リズムにおいては、筋肉的な運動能力は、たんに身体に分類されるのではありません。小脳系という独自な発振を持つとともに、他の三つの系に従属するものだと考えます。

だから、バイオリズムにおける「身体」と、集団生体リズムにおける「身体」の中身は大きな違いがあります。集団生体リズムにおける「身体」は、意志のおよばない脳幹系の生理機能全般をいうのです。

脳の構造に発振源を求めるこの考えが有効なのは、一つの系が失調したときには、他の二つの系から補正しうるということが、現実の生理にかなっているからです。たとえば感情のリズムが崩れたとき、身体や知性から補正できるということであり、そのような修復機能で、けっこう人間はひとりで癒しています。失恋して〝落ち込んだ〟ときには、スポーツをして汗を流したり、プラス思考で気持ちを切り替えたりしているうちに、やがて元気が戻ってくるというのは、このメカニズムの効用なわけです。

これに対し、身体、感情、知性という三つの系が、それぞれの周期でリズムを刻んでいるというだけで、相互の関連を見ないのがバイオリズム理論です。

バイオリズム

集団生体リズム

## 三層構造の悲劇

脳の三つの層に、それぞれ独自のリズムがあるというのは私のオリジナルな考えですが、大脳生理学ではずいぶん前から、これらを独自の存在だと考えています。それから比べると、違うリズムがあるというのは、オリジナルというほどのものでもないのです。

「自分は、私という統一された自我を持っているのだから、脳の機能がいくつもあったところで、しっかり協調が保たれている。どう転んでも私は私」

誰でもそんなふうに思っていることでしょう。感情と行動が反対のことをやるなんていうことはない、と。極端にいえば、感情が喜んでいるのに、体が相手に殴りかかっている、なんてことはまずないと。

ところが、よく考えてみると、私たちは好きなのに嫌いといってみたり、理性ではいけないと思っていても、激情にかられて殴っていたということもままあります。笑顔で怒鳴るというのは、どこかのタレントの芸でしかありえないとしても、理性ではいけないと思いながら不倫をするのが人間です。

自分のなかに、御《ぎょ》すのが難しい自分が住んでいるのです。下半身は別の生き物とよくいわれたりします。性欲の中枢は大脳辺縁系にあります。それが理性の場の新皮質に打ち勝つのです。

**じっさい、三つの脳は相互に連絡しあってはいるものの、それぞれ独自の発達をしてきたものので、構造的には非常に細いパイプでしかつながっていないそうです。**

大脳生理学では、よく脳幹を爬虫類の脳、大脳辺縁系をウマやウシなどの下等哺乳類の脳、新皮質を高等哺乳類の脳といいます。これは有名なポール・マクリーン博士の説で、彼によればこうなります。「三つの脳は、固有の知能、主体性、記憶、空間・時間認識を持ち、古い脳は古い脳のやり方で、それぞれが独自に外界からの情報を処理し、それなりに対応している」。

だから、ときには理性の殻を破って噴出する、本能的な欲望のマグマに翻弄されることになるのです。ヒヒーンといないいて理性を振り切ろうする下半身、いや脳の奥の荒馬に、しっかり手綱をかけておかなければなりません。自戒をこめて。

## 五％でも集団を動かす力となる

かつて月はもっと地球の近くにあって、地球を回るスピードも速かったといいます。二三日や二八日のリズムは、そのときの「一朔望月《いっさくぼうげつ》」の名残で、三三日は未来への準備ということなのかもしれません。

新皮質は、月が三三日の「一朔望月」になるときのはるかな未来まで、これからも生き延びていこうと予定していると思えばロマンもあります。

**集団生体リズムにおける、二三日、二八日、三三日というそれぞれの周期は、宇宙から発振されるリズムとしては、正確に吹いている風だとみなします。**しかし、それを百人中百人がきちんと受信して、そのリズムに一人残らず心身を同調させているなどとは考えていません。この波に乗らない人もたくさんいるでしょう。

宇宙から吹く風は正確な周期でやってきているとしても、地球の柳にはそれぞれの揺れ方があるのです。

**だとすると、「太陽風水暦」は、役に立つ者と立たない者がいるのかというと、そうではありません。共振しない人がいたとしても、地球には確実にそのリズムで風が吹きつけ、社会の動向に流れを与えようとしているからです。自分は影響を受けないとしても、社会情勢の判断材料になります。**

社会の半数が同じ感情、同じ行動に出たとき、社会は確実にその半数の影響を受けます。半数どころか、わずか五パーセントでも、それが強固に同調していれば、社会を動かすダイナミズムになります。いまの日本の政界などは、わずかな浮動票の動向で変化をきたします。たとえ少数でも、それが指導層なら体制は操れます。飛行機の乗客は、たった一人のパイロットに命を預けています。

## 「調息日」のための呼吸法

最後に「調息日」のための呼吸法を紹介します。金曜日の夜には、ぜひこれを実践してリフレッシュしてください。

三つの脳のリズムの不調和を、これで調節します。

呼吸は自律神経の支配下にあるとともに、意志でも行うことができます。というより、呼吸にかかわる筋肉は随意筋の横紋筋なので、呼吸はむしろ意志で行うのが本来のありかたで、なおかつ無意識に自律的にも行っているというほうが正しいのかもしれません。

いずれにしろ心臓の鼓動や、胃や腸の消化を意志で操作するのは無理でも、呼吸だけは意志を介入させることができるのです。呼吸がそのように意志がかかわれる仕組みになっているのは、私には人間がみずからの自律神経（脳幹）に介入し、調整できるよう自然から与えられた窓口ではないかと思われます。これを利用しない手はないのです。

## 呼吸が時間感覚を変える

『声に出したい日本語』で話題になった斎藤孝氏と、女優の高樹沙耶さんとが呼吸法について面白い対談をされていました（二〇〇三年七月一三日付け朝日新聞）。最初にそれを転載させていただきます。高樹さんは、フリーダイビングで、五三メートルの日本記録を出しているので、呼吸法は十分に研究もし、独自のものを身につけている方です。

斎藤「――僕は、呼吸が一番時間の感覚を変えるものだと思っているんです。たとえば、**テニスをしているとき。相手のボールが早く見えるようではだめで、ゆっくり見えるようにしなくてはならない。**呼吸をゆっくりさせると時間もゆっくりする。心が落ち着いている一方で、脳の回転数は上がって集中しているから、冷静に判断し、ミスなく打てる。**そのためには、息を静めて海の底にいるような感じにするのがいいと思っています**」

高樹「野球選手がホームランを打ったときに、ボールが止まって見えたってよく言いますよね。フリーダイビングでも同じで、成功するときは、時間がものすごくゆったりしているように感じます。反対に、風が吹いているかなとか、流れも強いのでどうしようと不安になっているときは、ゆったりと感じるどころか息が詰まってしまうようで、当然深く潜ることはできません。それにしてもあのゆったり感というのは不思議ですね」

斎藤「すべて、呼吸を深く、長くすることで脳が活性化するのだと思います――」

## とにかく長く吐く

ここでは呼吸法をいくつか紹介しますが、けっして難しいものではありません。それでも、もし覚えるのが面倒だったり、忘れたりしたら、これだけを覚えてください。

息は、とにかく静かに、ゆったりと長く吐くこと。そういう呼吸に集中した時間を、「調息日」以外にも、一日のうち一〇分でも二〇分でも設けると、健康にも幸運にも恵まれます。

呼吸は吐くところから始まります。深呼吸をしましょうというと、まず百人中百人が思いっきり空気を吸い込みます。呼吸という字を見てもわかるように、「吸」の字があとにきています。

呼吸の「呼」は、吐くという意味です。吐くからこそ、新しい空気が入ってくるのです。体内の息を吐き切ったら、空気は自然に入ってきます。掃除機のようにあわてて空気を吸い込むのではなく、水を絞り切ったスポンジを水にさらせば、また水が染み込むように、あくまで自然に入ってくるのにまかせます。音をたててはいけません。吐く息も、吸う息もどこまでも静かにです。

息を全部吐き切るためには、下腹で押し出すようにします。いわゆる丹田呼吸です。

## 数《す》息《そく》観《かん》

座禅の初心者は、呼吸を数えることで意識を集中する方法を教わりますが、これはもともとお釈迦様の教えです。

まず吐く息に合わせて、心のなかで「ひとー」と数えます。細く、長く吐いていって、これ以上吐けないところまできたら、「つー」と数えて息を吸います。

ゆったりと息を吸って、下腹まで息がたまったら、「ふたー」と数えて吐き出していきます。吐き尽くしたらまた、「つー」と数えて息を吸います。同じようにこれを「とー（十）」といって吐き、「おー」といって吸います。この十（とおー）まで数えると、また一（ひとーつー）に戻ります。これを数息観といいます。呼吸法としてはポピュラーなやり方です。

息の出し入れはあくまでも静かに、音をたててはいけません。

私たちがふつうにやっている呼吸は、毎分一七、八回です。それを三、四回まで落とし、さらに一分間に一回にまでできるようになることを目指しましょう。

宋代の詩人、蘇東坡《そとうば》は数息観を行じて、その体験を次のように記しています。

黙々として出る息入る息を数え、一息より数えて十息に至り、十息より数えて百息に至る。百息より数えて千息に至る頃になると、身体が山のようにどっしりとしてきて、心が静まり返ることはカラッとした大空のようである。

このような感じのままで、なお静かに呼吸をくり返していると、やがて息があるのかないのか分からないようになってきて、自然に止まったように思われてくる。ただ、全身八万四千の毛穴のすべてから、雲や霧のように沸き立って通うようである。

このときになって初めて、長年苦しんできた様々な病が自然に治り、諸々の悩み迷いごとがすっかり消滅していることを悟る。

――出典『座禅と呼吸』形山睡峰（『大法輪』平成十一年第1号）

## 習慣化した悪いリズムをまず壊せ

前掲の朝日新聞の記事によると、高樹沙耶さんは、より深く潜るためにヨガの呼吸法も学びました。あの『グラン・ブルー』のモデルとなったジャック・マイヨールも、映画でも描かれていたようにヨガを実践していました。

高樹さんの学んだ呼吸法は、自分のリズムに反した呼吸のリズムを取り入れるということです。また引用させていただきます。

**「1対4対2の割合で呼吸をするんです。たとえば、四秒間息を吸ったら一六秒間息を止めて、今度は八秒間かけてゆっくりと吐く。このリズムで五回繰り返します。慣れてきたら、徐々に吸う時間、止める時間、吐く時間を延ばしていきます」**

「試していただければわかりますが、頭と体が徐々にバラバラな感覚になり、苦しくてリズムを崩しそうになります。難しいです。でも、だからこそ、訓練する意味があるんです」

しかし、どうしてわざわざ自分のリズムに反した呼吸をしなくてはならないのでしょう。深

リラックスした姿勢をとる

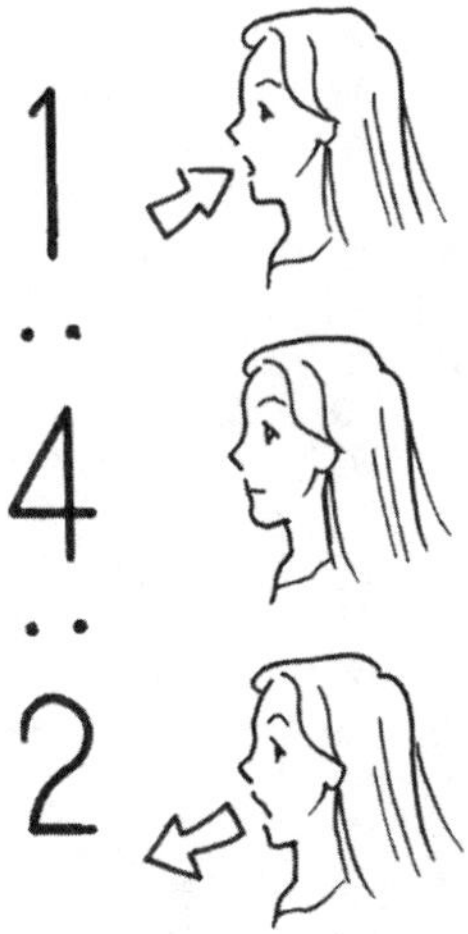


1対4対2の割合で呼吸をする

く海に潜るために、特別に有効なテクニックなのでしょうか。

いいえ、そうでもないようです。

「呼吸って、どうしても意識してするものではないから、一本調子になりがちです。**ストレスなどがかかると、息が浅くなったまま、ハーハーやってしまう。でも、そこで調子を戻すためには、いったん、そのリズムを崩す必要があるんです。**それを可能にしてくれるのが、この呼吸法なのです」

高樹さんは、あえて本来の自分のリズムとは違うリズムの呼吸をすることで、「精神状態をコントロールすることができる」とも語っています。

私は、この方法に大いに賛成です。**まるで私が説くべき「三つの脳のリズム」の不調和を戻すための、「調息」法の効用を代弁してくれた気がして、新聞に目が釘付けになったまま、しばらく身動きがとれなくなったほどです。**

実は、コントロールできるようになるのは、精神状態だけではないのです（高樹さんがいう精神というのは、深い意味があるのかもしれませんが）。

三つの脳のリズムを調節し、正常に戻すことにもなります。**つまり、知力、生理機能、身体能力、感情までもコントロールできるようになるということです。**

高樹さんはいいます。

「ストレスなどがかかると、息が浅くなったまま、ハーハーやってしまう」

ハーハーやって、自分で自分の呼吸が浅くなったことに気づくならまだましなのです。その程度なら、まだ深刻ではない。問題なのは、不調和なリズムが習慣化されて、固定してしまい、自分でもそれに気づかなくなることです。悪い癖として定着すればするほど、矯正が難しくなります。

高樹さんは、こういうこともいっています。

**「調子を戻すためには、いったん、そのリズムを崩す必要がある」**

たしかに、そこまでくると、そこから正しいリズムへと方向転換するのではなく、いったんそのリズムを無理やりでも壊してやったほうがいいのです。**まずは、習慣化された癖をバラバラにしてやらなければならない。できるだけ徹底的に、これまでの悪い癖を〝初期化〟してやる必要があります。正しいリズムを再構築するのはそれからです。**

高樹さんの1対4対2のほかに、お腹の動きをふだんとは反対にするのも効果があります。ふだんは息を吸うときにお腹をふくらませ、吐くときにお腹を引っ込めます。それを逆にするのです。

つまり、息を吐くときにお腹をふくらませ、吸うときにお腹を引っ込めるという呼吸法です。そうすることで、無意識に間違ったリズムへ流れていた呼吸を強く意識化させて、正しいリズムへの転換を確実にさせるのです。

正しいリズムが戻ったときには、蘇東坡の言葉どおり、「長年苦しんできた様々な病が自然に治り、諸々の悩み迷いごとがすっかり消滅していることを悟る」ことになるでしょう。それだけでも運がよくなったといわなければなりません。

その不調和を調節するにふさわしい風の吹く日が、金曜日の夜から土曜日の夜にかけての「調息日」なのです。ひょっとしたら、古代の人たちもその秘密を知っていたかもしれません。

このカレンダーどおりに生活すれば、よい巡り合わせがどんどんやってくる強運の風もとらえることができるのです。ぜひ、実行してみてください。

# おわりに

本書は、最初に運について語りました。

私は自然や社会現象の周期を追究してきたのであり、運についてどうこうしようという考えは何もありませんでした。ところが、地球に降り注ぐリズム（コスモリズム）にのっとった生活と行動をすれば、運もよくなるのであり、まさにこれは幸運を招く確かな方法になることに気づいたのです。

運がよくなるというからには、私自身の体験を話さなくてはなりません。**私自身が、ツキを呼ぶ暦「太陽風水暦」の実証者です。**

とくに生活に難があったわけではありませんが、私は特別運がいいと思ったことはありませんでした。どちらかというと、仕事においても、私生活においても、あんまりうまくいかないなあと腐るほうが多かったように思います。

ところが、コスモリズムを発見して、このリズムどおりに生活してみると、がぜん幸運が転がりこんでくるようになったのです。ごく自然に天（人間を超えた何ものか）に感謝したい気持ちになり、腐っていた自分は、いまではまるで遠い過去の人間のように思えるほどです。

具体的にいったほうがいいでしょう。私は本を書くのは専業ではなく、家業の製粉会社に勤務する傍ら、周期について研究し続け、**宇宙のリズム（コスモリズム）と、それに同調する「集団生体リズム」を見出したのです。**さらに、その上昇・下降の波を暦に記して独自のカレンダーを制作しました。

はたしてそれが正しいのかどうか、自分自身が実験台になるべく、コスモリズムにのっとった生活をしてみることにしました。

詳細は語れませんが、それによって私は、**本業において世界で初めての二つの技術開発――素材革命をなすことができたのです。**

**一つは、小麦粉の百パーセント代替として使用できる米の粉、『リ・ファリーヌ』を開発したことです。**つまり、米でケーキが作れるということ！　米でケーキが？　と疑問に思われるでしょうが、リ・ファリーヌはいま、大手菓子メーカーやファーストフード店、町のケーキ屋さんなどから幅広く注文が殺到し、生産が追いつかない勢いになっています。マスコミなどでも、昨年から「**お米のケーキ**」ということで話題にのぼっていたので、ああ、あれかと思った方もいるかもしれません。

**もう一つの技術開発は、コーヒー豆（焙煎《ばいせん》したもの）をココアパウダーのように微粉末《びふんまつ》にす**

**る技術。この『カフェリーヌ』（カフェパウダー）によって、初めて「食べるコーヒー」の開発に成功したのです。**

じつは、コーヒー豆を三〇ミクロン以下に微粉砕《びふんさい》するのは、これまでの技術では静電気が発生したり、また発熱も避けられず、コーヒーが変質してしまうので、まず不可能な技術とされていたのでした。カフェパウダーにすることで、チョコレートやケーキをはじめ、様々な食品に添加することができるようになり、コーヒーのフレーバー（アロマ）がストレートに味わえるようになって、これもまた生産が間に合わないほどの大ヒット商品となりました。

**実をいうと、この二つは私ひとりの力でできたのではなく、カリスマ・パティシエとしておなじみの辻口博啓氏の協力によって、ようやく形にすることができたのでした。**彼のケーキやチョコレートは、自由が丘をはじめ、六本木ヒルズの店は大行列もできるほどの大人気です。

辻口氏はマスコミにもよく登場して、リ・ファリーヌを使ったケーキを日本の文化として世界に発信するのだという大きな夢を語ってくれています。本当に嬉しい話です。

とくに、彼の手になるリ・ファリーヌのシフォンケーキやロールケーキは、この素材の特性であるモッチリしていて、しっとりした食感がよく表れていて、絶品の味わいです。まさに日本から世界に発信されるに恥じない文化だと思います。この新素材が、**日本文化の根幹ともい**

辻口博啓氏（モンサンクレールオーナー／右から２人目）と著者（その左）

**える米から生まれたというのは、私としても非常に感慨深いものがあります。**

私がこの二つの開発に携わり、辻口氏と出会えたのも、宇宙のリズムにのっとっていたからで、もしそれがなければ、とても実現などできなかったでしょう。

それまでの私の仕事ぶりは、ただがむしゃらに体当たりするだけでした。がむしゃらは否定しません。若いうちは、無鉄砲さも美徳のうちです。

しかし、三六五日を全部一本調子でがむしゃらに当たっても、労多くして益なしなところ大です。この世には、がむしゃらに行けば通る日と、静観していたほうがいい結果を生む日があったのです。

**「彼を知り己を知れば百戦あやうからず」といったのは孫子でしたが、さらにそこに宇宙のリズムを加えれば完璧です。向かうところ敵なしです。**

**みなさんも、どうぞツキを呼ぶ暦「太陽風水暦」を活用して、幸運の波乗りができますように。きっとわくわくする、素晴らしい毎日がやってくるでしょう。**

なお、本書の刊行にあたって感謝しなければならない方々がいます。「総合科学研究所所長」の**正村史朗先生**、「ＹＭＤ波動研究所」の**西宮史朗先生**の両史朗先生には、たいへんお世話になりました。貴重な時間を割いていただいて、どんな質問にもいつも惜しみなく、丁寧にお答えいただいて、お二人の手ほどきがなければ私の研究はとても実らなかったでしょう。また、その研究を続けるうえで、プライベートな私の我がままを聞き入れ、自由な行動を許していただいた**群馬製粉の山口幹夫社長**に、心より感謝申し上げます。

その他にも、多くの先生方とお話をさせていただいて、研究のヒントとなる様々な知識や貴重な情報をご教授していただきました。全員のお名前をあげるのは控えさせていただきますが、この場をお借りして改めてお礼申し上げます。

二〇〇四年二月吉日

山口慶一

# 参考文献

本文中に登場したものは省きます。

『暦』広瀬秀雄　東京堂出版／『暦』広瀬秀雄編　ダイヤモンド社／『暦の歴史』ジャクリーヌ・ド・ブルゴワン　池上俊一監修　創元社／『脳に眠る「月のリズム」』喰代栄一　光文社／『体内リズムの秘密』林博史　主婦と生活社／『呼吸の奥義』永田晟　講談社／『釈尊の呼吸法』村木弘昌　柏樹社／『電気システムとしての人体』久保田博南　講談社／『最新ミネラル読本』丸本淑生・康生　新潮社／『大地震の前兆現象』弘原海清　河出書房新社／『歴史を変えた太陽の光』桜井邦朋　あすなろ書房／『太陽と月と地球と』G・ガモフ　白井俊明訳　柏揚社

著者紹介

**山口慶一**（やまぐち けいいち）

1963年、群馬県渋川市で生まれる。幼少の頃より昆虫や動物の生態に興味を持つ。日本大学農獣医学部、日本大学大学院農学科卒。大学時代には天文学と気象との関係を主題として研究を進め、総合科学研究所の所長である正村史朗氏に師事。太陽活動についての研究に没頭する。その後、ＹＭＤ波動研究所の西宮史朗氏との出会いにより、太陽や月の引力および天文と暦（太陰太陽暦）の相関関係の解明に取り組んでいる。

現在、群馬製粉㈱取締役開発部長。

『あなたの美容と健康を美しくよみがえらす　ツキを呼ぶ暦②～美容と健康編』を執筆中。

また、21世紀の新しい暦として、太陽・月のエネルギーのリズムを新しい視点からとらえて作成した、新太陰太陽暦『太陽風水暦2005』を近々刊行予定。



ツキを呼ぶ暦

2004年4月1日　初版第１刷発行

**著　者**　山 口 慶 一
**発行者**　韮澤 潤一郎
**発行所**　株式会社 たま出版
〒160-0004　東京都新宿区四谷4-28-20
電話　03-5369-3051（代表）
http://tamabook.com
振　替　00130-5-94804

**印刷所**　東洋経済印刷株式会社

乱丁・落丁本お取り替えいたします。



ISBN4-8127-0061-2 C0011